나, 크고 있어요

나, 크고 있어요

초판 1쇄 발행 2024년 12월 5일

지은이 황현탁, 피희순, 전효택, 최계순, 허혜연, 김영혜, 백송이, 육진영
펴낸이 장길수
펴낸곳 지식과감성#
출판등록 제2012-000081호

교정 이주희
디자인 강샛별
편집 강샛별
검수 한장희, 정윤솔
마케팅 김윤길, 정은혜

주소 서울시 금천구 벚꽃로298 대륭포스트타워6차 1212호
전화 070-4651-3730~4
팩스 070-4325-7006
이메일 ksbookup@naver.com
홈페이지 www.knsbookup.com

ISBN 979-11-392-2259-3(03810)
값 14,000원

- 이 책의 판권은 지은이에게 있습니다.
- 이 책 내용의 전부 또는 일부를 재사용하려면 반드시 지은이의 서면 동의를 받아야 합니다.
- 잘못된 책은 구입하신 곳에서 바꾸어 드립니다.

지식과감성#
홈페이지 바로가기

나, 크고 있어요

산들문학회 제6집

황현탁
피희순
전효택
최계순
허혜연
김영혜
백송이
육진영

산들문학회 제6집 《나, 크고 있어요》 출간에 부쳐

  우리나라도 노벨문학상 수상자 보유국이 되었다. 소설가 한강의 노벨문학상 수상 소식은 연일 전국을 축제의 분위기로 만든다.
  스웨덴 한림원은 한강 작가를 선정한 이유를 "역사적 트라우마에 맞서고 인간 삶의 연약함을 드러내는 강렬한 시적 산문을 선보였다."라고 밝혔다. 특히 시적이고 실험적인 스타일로 현대 산문의 혁신가가 되었다는 구절이 와닿는다.
  한림원의 선정 이유를 인용한 것은 산들문학회 회원은 산문을 쓰는 수필가들이기 때문이다. 수필가들도 어떻게 하면 '실험적인 스타일'로 쓸 수 있을지를 고뇌하는 계기로 삼으면 좋겠다.
  수필은 감성과 이성과 지성이 잘 어우러졌을 때 심미안이 뛰어난 작품이라고 한다. 수필가들은 세상을 볼 때 감성의 렌즈, 이성의 렌즈, 지성의 렌즈 외에 영적인 렌즈도 필요하다. 자연이 품고 있는 우주 생명과 우주 의식을 볼 수 있는 영적인 렌즈가 멀리 있는 것이 아니라, 바로 우리의 내면 의식에 있음을 간과해서는 안 될 것이다.
  우주 의식이 필요한 것은 현 존재는 우주의 시간과 공간 어디쯤에 좌표를 찍고서 살아가고 있기 때문이다. 우주의 시공간에 한 점으로 찍힌 '나'의 이야기를 씨실과 날실로 정교하게 직조하여 문학으로 구현한다는 것은 바로 나의 신화를 만들어 가는 작업이다.

　나의 이야기가 수필이 되고, 수필은 나의 역사가 되고, 나의 역사는 곧 나의 신화가 된다. 모린 머독(Maureen Murdock)은 신화는 특별한 것이 아니라 '평범한 일상에서 경험하는 사실들에 철학적 의미를 부여하는, 거대하고 지배적인 이미지'라고 한다. '나'의 경험에 의미를 부여하고, 문학의 옷을 입히는 작업을 거쳐 세상 밖으로 내보내는 작업은 '나의 신화'를 만들어 가는 과정이다. 수필을 쓰는 일은 거룩한 작업이다.

　산들문학회 회원들의 작품을 대할 때면 조사 하나도 허투루 하지 않고 섬세하게 문장을 매만진다는 느낌을 받는다. 해마다 진중하고도 세심하게 다듬어 간 작품을 모아 동인지를 발간해 왔고, 올해도 어김없이 제6집 《나, 크고 있어요》를 발간하려고 한다.

　산들문학회가 동인지 6집을 내는 동안 많은 발전이 있었다. 수필가로 등단하여 문단에서 활발하게 활동하는 분들이 많다. 몇몇 작가는 격년으로 수필집과 여행기를 출간하여 문단을 빛내고 있다. 문단에서 활동하는 작가들을 비롯하여 산들문학회의 동인지 발간 등 여러 활동이 한국 문단의 발전에 힘을 보탰을 것으로 생각한다.

  매년 뜨거운 열정으로 동인지 출간을 위해 비지땀을 흘리는 회원들에게 뜨거운 박수를 보낸다. 산들문학회 제6집 《나, 크고 있어요》 출간을 다시 한번 축하한다.

2024년 12월
지도교수 문윤정

산들문학회, 대해로 나아가는 그날까지

산들문학회가 출범한 지 여섯 해가 되어 간다. 지도하는 선생님은 우리의 작품 수준이 높다고 하지만, 내가 생각할 때는 중등부 수준이 아닐까 싶다.

산들문학회 문우들이 수필 작품을 완성하기 위해 날밤을 지새울 때도 있고, 많은 번민으로 한 편의 작품이 완성되는 것은 잘 알고 있다. 하지만 아직 문학의 고지를 향해 갈 길은 멀다고 생각한다. 문학의 맛은 알지만 좀 더 깊은 맛을 음미해야 할 것 같다.

수필가들의 글쓰기를 위한 몸부림이 얼마나 격정적인지 제대로 알지 못한다. 지금까지 회원들은 선생님이 안내하는 대로 따라만 가 주면 대학도 가고 사회에도 잘 적응할 수 있을 것이란 믿음으로 지난 시간을 보냈다.

산들문학회 제6집 《나, 크고 있어요》 발간에 부쳐 인사말을 쓰려고 하다가 문득 우린 얼마나 커 가고 있는지를 돌아보게 되었다. 어느 문우가 차를 마시면서 '문학과 인연을 맺고 나서는 글을 쓰지 않는 시간에도 글을 생각하고 있다'라고 했다. 그 말을 들으니 문학에 숟가락만 올려놓아도 우린 날마다 성숙해 가고 있다는 믿음이 생겼다.

작품이 인정받으려면 어떻게 써야 하는지도 깨우쳐야 한다. 사리를 분별하여 깊이 있는 수필을 쓰는 것이 필요하다는 가르침을 따라야 한다. 글쓰기에는 시간과 연습이 필요하다. 《나, 크고 있어요》란 동인지 제목처럼, 회원들의 글에서 산들문학회가 크고 있음이 느껴지기를 소망한다. 우린 스스로 발 디딜 곳을 살피면서 한 걸음 한 걸음씩 나아가야 한다.

일주일에 한 번이지만 쓴 글들을 함께 읽고 의견을 교환하는 문우들과의 합평 시간이 쓰기 공부에 많은 도움이 된다. 산들문학회 회원들은 지난 7년 동안 서울교육대학교 평생교육원에서 이런 인고의 시간을 가졌다. 한 달 정도 자신의 글을 발표하지 않으면, 써야겠다는 다짐을 하게 되고 그것이 작품으로 연결되었다. 나에겐 그런 글쓰기 시간 확보가 글쓰기의 강장제, 촉매제가 되었다.

우리 산들문학회는 성장하고 있지만, 대학을 거쳐 대해(大海)로 나아갈 때까지 그 길이 멀기만 하다. 우선 선생님의 지도와, 선배들의 발자취를 따라 차분히 갈 길을 갔으면 좋겠다. 적어도 동인지 12집까지는 매년 거르지 않고 발행되기를 고대한다. 그때까지 '삶의 굴곡을 기록하고 생의 의미를 표현한다'라는 각오로 산들문학회 회원들과 함께하기를 소망한다.

2024년 12월
산들문학회 회장 황현탁

목차

산들문학회 제6집 《나, 크고 있어요》 출간에 부쳐		4
- 지도교수 문윤정		
산들문학회, 대해로 나아가는 그날까지		7
- 산들문학회 회장 황현탁		

황현탁

허연의 《불온한 검은 피》를 읽고	15
자취 생활 1개월 어르신의 변	20
다양한 소리의 향연 - 15회 광주비엔날레	24
인연 묶어 두기	29
영화 〈장손〉에게 묻다	33

피희순

세계 미술관 순례 (1)	39
- 시드니 뉴사우스웨일스 주립 미술관에 가다	
세계 미술관 순례 (2)	45
- 예술로 부활한 기적의 섬, 나오시마 베네세하우스 뮤지엄	
세계 미술관 순례 (3)	51
- 미국 현대 미술의 보고(寶庫) 휘트니미술관	
죽은 이의 동행, 토우	58
나를 찾아가는 여정	62

전효택	잃음과 아쉬움 사이	67
	선각자 송강 이준열	71
	잊지 못하는 영롱한 눈망울	76
	포도주에 대한 여러 기억	80
	산호섬 미야코지마	84

최계순	나, 크고 있어요	91
	I am growing	94
	내 안의 평화	99
	공덕을 쌓는 것	102
	한국자생식물원에 가다	106
	금성다방	110

허혜연	봄에 부치는 편지	115
	오월의 강물	117
	내 안에 비상구	121
	어느 날의 행운	125
	내 사유(思惟)의 정리함	129

김영혜	백두대간 선자령에 서다	135
	숨겨진 보석 친퀘테레	139
	아버지와 크리스마스	144
	용광로 같은 암스테르담	149
	학술과 예술의 도시 코임브라	154

백송이	뚝배기 예찬	161
	나무 뒤에 숨어서	165
	강경 근대도시를 가다	169
	만두와 라비올리	173
	더 늦기 전에 알래스카	177

육진영	나의 사랑의 도시, 마드리드	185
	'무렝게티'에서의 하룻밤	189
	코베아 캠핑 축제	195
	마라토너를 꿈꾸며	200
	종합운동장으로 가는 길	203

황현탁

· 허연의 《불온한 검은 피》를 읽고
· 자취 생활 1개월 어르신의 변
· 다양한 소리의 향연 - 15회 광주비엔날레
· 인연 묶어 두기
· 영화 〈장손〉에게 묻다

작가노트

은퇴 후 글을 쓴다는 것은 좋은 선택이었다. 글감을 구하려 여행도 하고 책도 읽고, 예술 활동도 감상하러 나서 시간 보내는 데 어려움은 없다. 좀 더 잘 써보고자 지난 5년 동안 쓰기 공부를 해 왔는데, 스스로 생각해도 진전이 없는 것 같다. 특히 문우들이 쓴 글을 읽을 때면 어떻게 그런 생각을 했으며, 문장을 구성할 수 있었는지 탄성이 절로 나온다.

그렇다고 그만둘 생각은 없다. 지도교수는 각자 쓰는 스타일이 있으므로 바꾸기가 쉽지 않으며, 자신만의 글쓰기에 무엇이 부족하고 어떤 것을 보완해야 하는지를 염두에 두라고 한다. 많이 읽고 써 보는 수밖에 없는 것 같아 정신 건강에는 더없이 좋다.

《문학 秀》 등단(2024)
산들문학회 회장, 서초문인협회 회원
산문집 《세상구경》, 《그곳엔 ?!이 있었다》, 《어디로든 가고 싶다》 외 다수

hlp5476@naver.com

허연의 《불온한 검은 피》를 읽고

 공적 기관에서 일한 것이 40여 년. 감정으로 일해서는 안 되는 자리에서 일하다 보니 내 본심과 달리 남들에겐 손톱도 안 들어갈 '매정한' 사람으로 평가되고 있는 것 같다. 그동안 글도 그런 맥락에서 쓰였을 것이고, 행동도 경직되어 있을 것이다. 현업에서 떠난 만큼 이젠 그런 태도와 자세는 필요 없을 터인데도 몸에 밴 탓에 지금도 그런 습성을 버리지 못하고 있다.
 글 쓰는 공부를 하는 사람으로서 감성적인 문장들을 보면 어떻게 저런 표현이 떠오를까 부럽기도 하다. 그래서 의도적으로 시도 읽고 드라마나 영화도 보며 그런 심성을 불러내 보려고 노력한다. 책 읽기 모임에서 선정된 책들은 소설이나 자기개발서가 주다. 시집도 읽고 싶은데 어떤 시를 읽으면 나의 사고를 부드럽게 하고 글쓰기에 도움이 될지 몰라 뉴스나 다른 사람들의 글을 읽고 고르는 경우가 있다.
 청순하고 풋풋한 시집들이 서점의 시·에세이 코너의 서가가 아닌 통로 평대를 점유하고 있다. 쉽게 눈에 띄지만, 그런 책을 읽기에는 내 감성이 너무 무디어 버렸다는 생각에 선뜻 구매할 마음이 일어나지 않는다. 허연의 첫 시집 《불온한 검은 피》도 남의 글 속에 등장하여 내 손에 들어오게 되었다. 그의 다섯 번째 시집 《당신은 언제 노래가 되지》의 출판사 서평이 시집을 사게 된 결정적 근거로 작용했다. 시인의 시작 이력을 자평한 서평을 소개한다.

"첫 시집 《불온한 검은 피》는 소주병을 깨서 세상의 옆구리를 한번 찌르는 심정으로, 두 번째 《나쁜 소년이 서 있다》는 돌아온 탕자처럼 내가 다시 시로 돌아왔다는 선언, 세 번째 《내가 원하는 천사》는 이제 시와 대결하지 않고 시를 끌어안겠다는 화해, 네 번째 《오십 미터》는 내가 결국 시 속에서 살았구나 하는 포기였지. 이번 시집은 시는 내가 만든 게 아니라 세상에 그냥 있었던 거구나 하는 인정…"

가슴 두근거리면서 구입한 시집 《불온한 검은 피》를 펼쳤다. 허연 시인을 검색해 보니 '글 쓰는' 기자였다. 오늘의 시인총서를 발간하는 출판사에서 《밤에 생긴 상처》라는 그의 시선집을 2024년 4월에 출판하였다. 김수영, 김춘수, 천상병 등 한국의 내로라하는 시인들의 선집에 이은 23번째 시선집이다.

《불온한 검은 피》는 모두 4부로 나뉘어 62편이 수록되어 있다. 시를 읽다가 시어에 '비'가 많이 등장하여 비슷한 단어들을 확인해 보았다. 비, 스콜, 빗소리, 빗줄기, 소나기, 장마, 폭우, 우박, 빗물, 빗속, 비바람 등 관련 단어가 모두 22편에 들어가 있다.

폭우·우박·비바람 등 단어 자체가 부정적인 의미를 갖는 것도 있지만, 〈지옥에서 듣는 빗소리〉, 〈비야, 날 살려라〉에서 처럼 비가 시제(詩題) 자체인 것도 있다. 또 장례식·초상집·겨울비·새벽비와 같이 '적절하지 않은 장소와 때의 비'라는 의미나 인상을 주는 경우도 있다. 비를 맞다, 아찔한 비, 처마 밑 비, 퍼붓는 비 등 상황이 부정적인 경우 등 비는 다양한 묘사에 동원된다. 이런 것들을 종합해 볼 때 '비'는 시인에게 '가뭄에 단비'와 같은 활력과 생기를 불어넣어 주는 의미가 아니라, 피하고 싶거나 고통을 주는 부정적 의미로 사용된 것 같다.

그의 시는 산문체가 많고, 산문시도 있다. 심지어 〈최근에 만난 분 중에 가장 희망적이셨습니다〉, 〈그 거리에선 어떤 구두도 발에 맞지 않았다〉, 〈너는 사라질 때까지만 내 옆에 있어 준다고 했다〉, 〈내 사랑은 언제나 급류처럼 돌아온다고 했다〉 등 시 제목에서도 '서사'를 담고 있다. 시는 운문체, 감성적이란 고정관념에 매몰되어 있던 내게 그의 시는 파격이었고, 신선했다!

시인은 '아교질 비'를 시집에 두 번이나 등장시킨다.

"...

아교질 비가 내리던 날
상식을 무시한 청년들이

권총을 들고 굴다리 여인숙에서 쏟아져 나왔다
…"

- 〈필름〉 中에서 -

"…

남은 건 없다. 8월엔 실패한 몇몇 친구들과 술을 마셨고
아교질의 비를 맞았고 갈 때까지 간 여자애들과 유리조각 숨어
있는 해변을 쏘다녔다. 장마통에 얼룩진 체납된 전화
요금고지서-
…"

- 〈철로변 비가(悲歌)〉 中에서 -

아교는 공업용 접착제다. 아교질 비는 시원함이나 해방이 아니라, 고해의 바다와 '끈적끈적하게' 연계된 것으로 기술하고 있다. 그런 비를 피하고 싶었으나 맞닥뜨렸음을 말하고 있다.

시인은 1966년생으로, 출생지(서울)·나이와는 무관하게 기자로서 다양한 경험에서 나온 것임을 상상할 수 있는 시어들도 등장한다. 자취방·처마·군용모포·기계충 등 몇몇 단어들은 이전 세대들의 체험 속에서나 등장할 법한데 하는 생각이 들었다. 물론 시작(詩作)을 위한 체험과 독서를 통한 것이 더해졌음을 짐작할 수 있었다.

시인은 자서에서 "외따로 떨어진 무수한 불유쾌한 말들의 조합

이 내게는 면벽이나 환희에 가까웠다."라고 시작 의도를 밝히고 있다. '불온한 검은 피'가 시작을 통해 시인의 마음을 어루만져 준다는 얘기로 받아들여진다. 한편으론 시인의 세대를 앞서 살았던 세대가 '불온하고, 검고, 도가 지나친 고통을 주었기에 그가 불유쾌한 말들을 조합하지 않았을까?'라는 상상도 해 본다.

  시인과 나이 차는 좀 있지만 세대차까지는 아니다. 나는 그가 말한 '어떤 구두도 발에 맞지 않았던' 공화국의 부역자였다. 시인이 말했듯이 나는 '정의는 반드시 이기지 않는다'는 곳에서 빗소리를 들었을 뿐이다. '아픈 영혼이 우글거리는 골목에 내리는 참회의 비라도 맞아야 하는 것은 아닐까?'라고 자신에게 묻고 싶어진다. 그의 시선집 《밤에 생긴 상처》도 읽어 볼 생각이다.

                문학秀문인회 제2집 《秀의 서정》에 수록(2024. 9. 30.)

자취 생활 1개월 어르신의 변

　칠십 년대 중반에 시외버스가 다니기 시작하고, 팔십 년대 중반에 전기가 들어온 깡촌에서 나는 태어나고 자랐다. 초등학교는 한 시간 거리의 산골길을 고개 넘어 다녔다. 중고등학교는 멀리 있고 통학할 수 있는 교통편이 없어 도회에서 삼촌과 형제들이 함께 자취했다. 그 당시의 자취는 밥만 해 먹는 것이 아니라, 불을 지펴 밥하고 난방까지 해결하는 문자 그대로 자취(自炊)였다. 6년 동안 자취 생활을 했다.

　주식인 쌀은 주말마다 자취생들이 번갈아 고향집으로 가 등짐을 져 날랐으며, 반찬 역시 어머니가 챙겨 주는 것을 가져와 아껴 먹었다. 다른 가족들은 보리밥이나 조밥, 아니면 수제비와 죽으로 생활하는데, 우리만 쌀밥을 먹는 것이 늘 죄스러웠다.

　연탄 갈고 밥하는 것만 아니라 빨래하고, 다림질하는 생활 요령은 그 시절에 터득했다. 학교에서 놀다 교복이 더러워지기라도 하면, 손으로 빨아서 숯불 다리미로 말리고 다려, 다음 날 입고 갈 정도로 훈련이 되어 있었다. 남학생이지만 도리가 없었다.

　일흔이 넘은 '어르신'이 갑자기 웬 자취인가? 하겠지만, 한 달 전 손주들 돌보러 아내가 외국으로 떠났다. 남편 자취 실력을 모르는 아내는 된장국과 미역국을 끓여 한 끼 분량으로 나눠 냉동고에, 손질한 생선도 종류별로 냉장고에 넣어 두었다. 한 달이 지난 지금도 남아 있다. 외식으로 버티지 않고, 왕년의 자취 실력을 되살리려 주방에서 시간을 많이 보냈기 때문이다.

요즈음 자취란 '손수 밥을 지어 먹는 생활'이란 제한된 뜻으로 쓰인다. 빨래하고 연탄불 갈고 다림질하는 것은 제외되어 있다. 세탁기, 중앙난방, 폴리에스터 옷감으로 일상을 헤쳐 나가는 요즈음에는 생각할 필요도 없는 수고다. 또 집 주변에 식당과 편의점까지 즐비해 끼니 걱정은 할 필요가 없는 세태가 되어, 자취가 갖는 노고가 완전히 줄어들었다.

나는 연탄불을 간 마지막 세대다. 연탄가스 중독은 지난 세기의 얘기가 되었고, 취사와 난방을 위해 번개탄을 피워 연탄불을 되살리려는 노력은 할 필요가 없어졌다. 지난 한 달 동안 자취를 하면서 밥 짓는 것에서부터, 빨래와 청소를 하고, 별 보고 출퇴근하는 사위 거처에 들러 우편물과 택배도 챙겼다. 경상도 얘기로 지금 나의 자취는 그 옛날과 비교하면 호강스러운 놀이라고 할 수 있다.

아내는 혼자 있으면 라면만 끓여 먹을까 걱정했지만, 한 달이 지났음에도 한 번도 라면을 끓이지 않았다. 미역, 어묵, 두부, 된장을 넣어 국으로 조리해 끼니를 해결했다. 밥물이 넘을까 연탄아궁이를 지키던 시대에서, '어떤 밥을 할까요? 메뉴를 선택하세요, 취사를 시작합니다, 보온이 시작됩니다' 등등 '말'로 주인에게 어찌할까를 앙

청하는 전기밥솥이 대세인 시대 덕을 톡톡히 보았다. 고두밥, 진밥, 죽밥에 대한 염려와 걱정은 필요 없는 시대다.

아내가 출국하고 난 뒤 슈퍼 영수증을 버리다가 세 번째 장보기부터는 꼬박꼬박 모아 둔다. 떠나기 전 냉동고와 냉장고에 넣어 둔 찬거리는 먹지 않고, 국을 끓이고 계란찜을 만들어, 밥을 하거나 데워 김치와 먹는다. 냉동고에 꺼내서 녹이는 것보다 내가 직접 조리하는 것이 간편할 뿐 아니라, 몇 번 나눠 먹을 수 있어 훨씬 수월하다. 아내가 돌아와 쌀과 잡곡이 줄어든 것과 쌓인 영수증을 보면 제대로 자취했음을 알 수 있을 것이다.

밥하는 것, 국 끓이는 것은 솥이나 냄비에 안쳐 놓으면 특별한 주의가 필요하지 않다. 찜·구이·조림 등은 항상 옆에서 지켜봐야 한다. 준비하고 지켜보는 것이 귀찮아진다. 설거지 역시 생각보다 시간이 많이 소요된다. 그렇다고 쌓아 두었다가 한 번에 처리할 일도 아니다. 왠지 자취하는 시간이 아깝다는 생각이 든다. 비록 정해 놓은 시간표대로 움직여야 할 필요가 없는 은퇴자이지만, 안 하던 가사에 시간을 쓰게 되니 그런 느낌이 든다. 평소의 책 읽기와 글쓰기, 문화 현장 탐방 등이 제약을 받아서일 것이다.

얼마 안 있으면 독일에 주재원으로 나가 있는 둘째 딸 가족이 건강검진차 국내에 들어온다. 몇 끼를 집에서 해결하게 될지 모르지만, 손주들이 먹을 수 있도록 식사를 준비할 생각이다. 뮌헨으로 돌아간 아이들이 할아버지가 해 준 메뉴를 만들어 달라고 엄마에게 졸랐다는 얘기를 듣고 싶다. 입국하기 전 다른 메뉴도 시도해 보고 레시피도 점검해 봐야겠다.

내년 두 딸 가족들이 모두 귀국하면 가까이 살게 될 것이다. 아내에겐 지금 우리 부부가 따로 떨어져 생활하는 것이 큰 의미가 없을지 모른다. 그러나 내겐 지금 혼자 생활하는 기간이 부부의 독립적인 삶을 위한 연습 기간이다. 밥하고, 빨래하고, 청소하고, 혼자 일상을 헤쳐 나가고 있는 것들이 그때를 위한 연습이다. 행사 참석과 조문 등 갑작스러운 일상에 대비해 와이셔츠와 겉옷 한 벌은 항상 다림질이 된 상태로 준비해 둔다. 손걸레질은 안 해도 진공청소기는 일주일에 한 번은 돌린다. 앞날을 위해 열공 중이다.

아내는 보이스톡을 통해 제대로 식사를 해결하고 있는지 수시로 체크한다. 둘째 딸 가족들이 귀국했을 때 손주들에게 어묵, 두붓국, 미역국, 계란찜을 해 주겠다고 약속했음을 아내에게 보고했다. 11월에 아내와 임무 교대하여 내가 큰딸네 집에 가면 실습한 메뉴로 실력을 발휘해 볼 요량이다.

나이가 드니 혼자 살아야 하는 삶이 불시에 닥쳤을 때를 대비해 식사 준비와 세탁 정도는 배워 두어야 한다고 생각한다. 가사를 나 몰라라 했던 어르신들도 이젠 자취와 혼삶을 시도해야 하지 않을까 싶다.

다양한 소리의 향연 - 15회 광주비엔날레

지난 9월 7일 개막한 제15회 광주비엔날레의 캐치프레이즈는 '판소리: 모두의 울림'이다. '판'은 '공간·장소'의 개념으로 '판을 깔다, 판을 열다'에서처럼 대중이 가까이할 수 있는 공공장소다. 특정한, 제한된 공간을 의미하지 않는다. 그래서 캐치프레이즈 후반에 '모두의 울림'이란 문구가 추가된 것으로 생각된다.

영어로는 'A Soundscape of the 21st Century'로 표기되는데, '21세기의 다양한 소리'란 뜻이다. '판소리'는 한국의 전통음악이지만, 광주비엔날레에서 내세운 판소리는 사람의 목소리만이 아니다. 전쟁이나 기아, 인종 갈등이나 환경오염 등 인간 사회의 위기나 아우성 같은 경고를 포함한다. 판소리는 '울분을 표현하는' 내용이 많은데, 그런 의미에서 힘 있는 사람, 목소리 큰 사람보다 그렇지 못한 사람들의 입장을 대변하기도 한다. 들리는 소리만이 아니라 세상의 위기 징후나 암울한 미래에 대한 무언의 외침도 들어 있다.

이번 광주비엔날레 본 전시에는 30개국 72명 작가의 작품을 9개 전시장에서 선보이고 있다. 이와 별도로 30여 개 국가, 도시, 기관을 소개하는 파빌리온이 국립아시아문화전당이나 미술관, 스튜디오 등 곳곳에 설치되어 유·무언의 소리의 향연이 광주에 메아리치고 있다.

먼지 쌓인 고철 덩어리에 〈맹인을 인도하는 맹인〉이란 제목을 붙인 피터 부겐후트는 '노화와 쇠락이라는 자연현상에 빗대어 인간의 무력감을 자문(自問)'한다. 자율자동차 시대의 도래를 기대하고 있지만, 한편에서는 '맹인의 인도를 받는 맹인'처럼 스스로 어찌할 수 없는 삶도 있음을 보여 주고자 한다. 소리에 민감한 맹인이지만, 듣고만 세상을 살 수 없다는 것을 알려 주고 싶었던 것은 아닐까?

에티오피아의 반식민 운동에 참가하였던 3천 명 열사들의 초상화로 만든 영상 웬디메겐 베레테의 〈베일을 벗기다〉는 우리나라의 수많은 독립지사들을 떠올리게 하였다. 파독 간호사를 기리기 위해 만들었다는 파독 간호사 딸 미라 만의 작품 〈바람의 사물(事物)〉은 북(악기)·한국 인쇄물 등 한국 물건을 모아 놓고 고향을 떠난 그리움이 '바람처럼 밀려옴'을 상징적으로 보여 주고 있다.

케빈 비즐리의 〈현장모듈(흑인과 블루스)〉은 미국 남부 목화 재배지인 버지니아에 당도한 백인들이 선주민을 몰아내 경계를 긋고는 자신들의 땅이라고 주장하는 것을 형상화하고 있다. 그곳의 목화를 재료로 한 작품이다. 평화로운 초원에 사자나 호랑이 같은 육식동물이 나타나 초식동물을 먹어 치우거나 다른 지역으로 몰아내는 동물의 세계와 같은 약육강식의 인간 세상을 표현한다.

거미줄과 헌 옷가지에 영감을 얻어 만든 필립 자흐의 〈부드러운 폐허〉는 삶의 공간을 제약하는 촘촘한 속박 속에서도 헌옷을 서로 나누듯이 부드러운 틈새도 있을 수 있음을 웅변하고 있다. 거미줄에 걸려 생을 마감하는 애벌레도 있지만, 잔여 공간을 부유할 수도 있음을 보여 준다.

프랭크 스컬티는 광주의 쓰레기통을 뒤져 다양한 무늬의 용기에 석고를 붓고 이들을 모아 핵폭발 같은 버섯 모양의 조각을 만들어, 쓰레기를 압축해 만든 받침대 위에 올려놓았다. 그리고 그 버섯이 잘 자랄 수 있도록 음악을 들려준다며 악보까지 만들어 〈광주 기록〉이라는 제목을 붙였다. 재생의 본보기다.

최하늘이란 작가는 분절되고 해체된 신체를 결합하여 새로운 인간으로 탄생시켰지만 여전히 성소수자로서 소외되어 울고 있음을 표현한 〈우는 삼촌의 방〉이란 작품을 선보이고 있다. 세워 놓거나, 매달거나, 받침대에 올려놓는 등 몸부림치고 있음을 보여 준다. 삶이 녹녹하지 않음을 웅변한다.

한국을 포함한 많은 선진사회는 인구절벽을 걱정하고 있다. 미리암 미힌두는 〈여왕 없는 개미들〉이란 작품에서 여왕개미나 여왕벌이 없어 다음 생을 이어 가지 못하는 한 생애뿐인 유한 세계를 상징적으로 보여 준다. 껍질이 벗겨진 매끄러운 나무 막대기처럼 생육환경은 척박한데, 여왕개미도 없이 붙어서 타고 오르는 일개미처럼 인간의 미련함, 미래의 암울함을 강조하고 있다.

줄리앙 또가의 〈OK 스튜디오〉라는 작품은 관객이 드럼, 피아노 등 실제 악기를 연주할 수 있도록 간이 연주장을 만들어 놓았으며, 전형산은 발광 안테나·실린더 등으로부터 나는 소리를 스피커를 통해 들려주는 〈불신의 유예#3〉을 출품했다. 양림동 '빈집'에서 미라 만은 〈엄마의 기억은 다를 수도〉라는 작품에서 '판소리 심청가'를 TV 모니터를 통해 직접 들려준다.

  나는 내년 볼리비아의 유유니 소금사막을 여행할 예정으로 있어, 프랑스 작가 비앙카 봉디의 〈길고 어두운 헤엄〉이란 작품을 눈여겨 보았다. 소금사막에는 오아시스와 사체(死體), 그리고 거울과 전화기가 놓여 있다. 물과 소금 등 동식물의 생존에 필요한 것은 있지만 죽음은 필연이라는 것을 보여 준다. 전화기는 삶의 마지막 순간에 누군가와 소통을 바라는 것을, 거울은 망자의 혼령을 저승으로 인도하는 것을 각각 상징한다.

  전시 제목의 판소리는 국악 판소리가 아닌, '공공장소에서의 유·무언의 소리'라는 의미로 '판 + 소리'를 합성한 것이었다. 일부 작품에서는 실제 소리도 들려주었지만, 그보다는 역사 속의 불의, 현재의 갈등, 암울한 미래 등 인류가 눈을 부라리고 귀를 기울여야 할 과제, 징후, 경고음을 다양한 시각에서 보여 주고 있다.

  본 전시장인 비엔날레전시관에서는 거의 매시간마다 1시간 정도의 해설 프로그램이 진행되고 있다. 도슨트를 따라 다니며 해설을 듣는다면 작품 이해에 도움이 될 것이다. 프랑스인 예술감독 니콜라 브리오(Nicolas Bourriaud)는 '오페라 속을 거닐 듯 전시회를 관람하라'고 하는데, 봐야 할 오페라가 너무 많다. 오페라만 감상할 수 없음이 안타까울 뿐이다.

독일의 마르쿠스 가브리엘은 《예술의 힘》이란 저서에서 "예술은 권력을 과시하고 공공 영역의 상징적 질서를 구조화하는 역할을 해 왔다. 예술 작품은 최고로 자유롭고 막강하다."라고 했다. 비엔날레에 전시된 작품들의 외침이 바람직한 인간 사회를 구축하는 데, 제 역할을 해 주기를 기대한다.

인연 묶어 두기

과일 농사를 짓는 농부들은 열매가 달리고 커질 시기가 되면, 적정한 숫자만 남기고 솎아 주는 작업을 하는데, 적과(摘果)라 한다. 나이 들면 많은 사람이 살아오면서 맺은 인연을 슬슬 쳐내기 시작한다. 어차피 잊어야 할 연을 미리 정리한다는 의미다. 더 튼실한 결실을 기대하고 일부를 따 버리는 적과와는 다른 차원이다.

직장의 어느 선배는 일흔이 넘으면 상가를 찾지 않으며, 여든이 지나면 부조를 할 필요도 없다고 말한다. 세속의 인연을 점차 줄여 나가는 것이 세상 하직할 때를 대비해 바람직하다는 지론을 편다. 나는 생각이 좀 다르다. 나이 들어 시간 보내기 가장 좋은 방법은 옛사람들과 연을 이어 가는 것이라는 생각이다. 모르는 사람을 새로 사귀기가 힘든 만큼 지난 인연을 유지하는 것이 더 쉽다는 것이다. "처음 만남은 하늘이 만들어 주는 인연이고, 그다음부터는 인간이 만들어 간다. 길은 잃어도 사람은 잃지 말라."라고 하지 않았던가!

은퇴 후 소망스러운 것은 남에게 손 벌리지 않고 건강한 것, 그리고 '외롭지 않게 살아가는 것'이란 생각이다. 혈연이야 죽을 때까지 연결되고 떼어 버릴 수 없지만, 지연·학연이나 직장에서의 관계는 다르다. 시간이 지남에 따라 소통의 빈도는 적어지고, 깊이도 얕

아지게 된다. 외롭지 않은 삶을 이어 가려면 얽히고설킨 연들을 잘 관리하는 것이 중요하다. 지난날 쌓은 연을 오늘의 삶과 연결하는 것이다. 벤저민 하디는 《퓨처 셀프》에서 '5년·10년 후 미래의 자신(Future Self)의 처지에서 지금 생각하고 행동하라'고 한다. 오늘의 삶은 어제·내일의 일상과 실타래처럼 엮여 있다는 뜻이다.

 사람에 따라 다르겠지만, 난 다른 사람들과 잘 어울리는 편이고 연을 중요시한다. 그래서 지난 시절 인연이 끊어지지 않도록 노력하고 있다. 전화나 SNS를 통한 소통보다 주기적으로 얼굴을 보는 만남을 선호한다. 허름한 대폿집에서 막걸리 한잔이라도 하면, 내가 살아 있다는 느낌이 든다. 특히 연하(年下)나 직급이 낮았던 이들에게 만남을 제안하면, 그 약속은 100% 성사된다. 그래서 그런 정례적인 모임이 많은 편이다. 상대에 대한 배려라기보다 나의 소일(消日) 방편이라고 함이 더 맞는 말이다.

 고등학교 동창생들과 어울리는 횟수가 제일 많다. 직장을 고리로 한 취미 모임에 얼굴 내미는 것이 두 번째다. 이 모임은 책 읽기, 전시·공연 관람하기, 여행하기 등 취미 생활과 관련된 활동이 주를 이룬다. 좋아하는 것이어서 모두 만남을 대비하는 데 부담을 크게 느끼지 않는다. 서로 경쟁하는 것도 아니고 다른 일이 있으면 참석하지 않아도 그만이다.

 호사스러운 성격의 모임이 아니어서 큰돈은 들지 않는다. 적은 액수지만 경비가 들어 돌아가며 부담하거나 1/n씩 분담하고 있다. 이런 만남이 지속되는 것은 그들도 좋아하고 그 정도의 부담을 감내할 수 있다는 얘기다. 회원들도 나와 비슷한 생각이고 같은 처지일 것이다.

나는 퇴직 후 자발적으로 '삼식이'가 되지 않겠다고 생각했다. 맞벌이하는 두 딸이 집 가까이 산다. 아내는 두 가정의 살림을 돌봐 주고, 손주들 넷도 마크해 줘야 해 시간적·육체적 부담이 크다. 가능하면 나 혼자 지내는 것이 아내에게 도움이 된다. 출근하듯 시간 맞춘 출타는 아니지만, 낮에는 바깥에서 활동하는 시간이 많다. 집에 들어오면 낮의 일들을 컴퓨터와 씨름하면서 정리하다 보면 하루가 다 지나간다.

나는 몇 가지 내 취미 활동 기준을 세웠다. 주중 매일 한 끼는 밖에서 때우기, 매주 책 한 권 읽기, 매월 전시회 두 번 관람하기, 영화 한 편 보기, 매년 해외여행은 두 번 하기, 공연은 네 편 보기다. 백수 5년 차가 되어 가는데, 대체로 자신과의 약속은 지키고 있는 것 같다. 여기에 한 가지 추가하면 갑작스럽게 연락받은 모임에 얼굴 내밀기는 가능하면 실행한다. '지공선사'이므로 교통비 걱정은 하지 않는다. 조금 일찍 나서면 된다. 몸이 좀 고달프지만 많이 걸어 건강에 도움도 된다. 소파에서 TV와 씨름하지 않고 시간 보내기에는 얼굴 내밀기가 최고다.

지난 세월 보통 사람들보다 글쓰기를 많이 했기에 글 쓰는 데 두려움은 없다. 그렇지만 문학성이 있는 글쓰기 공부를 해 보고자 퇴

직후 별도로 수업을 듣고 있다. 그러나 보고서 쓰듯 이어지는 내 글에 가차 없는 합평이 가해진다. 내 나름 책도 읽고, 창작교실 수업도 들으며 글쓰기 연습도 많이 하는 편이다. 그러나 지난 시절 해 왔던 글쓰기가 몸에 배어 '보고서 스타일'의 글쓰기에서 벗어나기가 어렵다. 아직 더 많은 연습이 필요함을 절감한다.

글공부로 만난 인연들은 어쩌면 내가 맺은 마지막 그룹 미팅이다. '수업 시간에 빠지지 않는 것이 공부'라는 고집으로 수업에 임해 왔다. 공식적인 만남이 언제까지 계속될지 모른다. 그러나 글 모음집을 내는 '가장 중요하고 필요한 만남'은 오래도록 지속하였으면 좋겠다. 올가을부터는 반년 정도 외국에서 보낼 예정이어서 글 쓰는 연습을 게을리할 것 같아 걱정스럽다.

문우들에게 세월을 잡아 두라고 할 수도 없다. 매주 만나던 문우들과 떨어져 있다는 것이 아쉽고 허전할 것 같다. 인연이 끊어지지는 않겠지만 소원해질 수는 있다. 만남은 잠시 미루더라도 연결 고리는 유지해야 하겠다. 카톡·페이스북·블로그 등 SNS를 통해 객지에서의 일상도 전하고, 동인지에 실릴 글도 보내고. 내년 이맘때에는 또다시 함께할 수 있다는 마음으로 '잠시 안녕'이란 인사를 건네며 자리를 뜰까 한다.

문학秀문인회 제2집 《秀의 서정》에 수록(2024. 9. 30.)

영화 〈장손〉에게 묻다

　종가(宗家), 종부(宗婦), 장손(長孫). 이젠 거의 잊혀 가는 단어들이다. 가계를 중시하는 한국 사회의 오랜 전통에 기인한다. '고리타분한' 냄새가 진동한다. 결혼도 하지 않고, 결혼해도 아이를 낳지 않는 오늘날의 세태가 2세대 정도 60여 년만 지나간다면, 이런 말들은 역사와 전통 속의 기록으로만 남을 것 같다.
　그럼에도 일부 가문에서는 양자(養子)를 들여서라도 그 맥을 이어 가려 하고 있다. 대표적인 사례가 LG그룹의 가업승계다. 두 딸이 있음에도 동생의 아들을 입적하여 총수 자리에 앉힐 수 있도록 증여, 상속 문제까지 처리했다. 지금 그와 관련 소송이 진행되고 있지만, 그건 금전 문제이지 가계 문제와는 차원을 달리한다. 딸·아들 구별 않고 낳아만 줘도 감지덕지하고, 둘만 낳으면 '애국'인 시대다. 굳이 옛 전통을 지키려 인위적으로 그럴 필요까지 있느냐는 반문도 할 수 있다.
　1981년 방한하였던 독일의 사회학자 보르노 박사(O. F. Bollnow, 1903~1991)는 앞으로 한국이 잘 사는 길을 '족보(族譜)를 잘 지키는 일'이라고 하여 많은 한국인들을 놀라게 했다. 족보로 인해 후손들은 조상과 다음 세대에 누가 되지 않도록 자중자애(自重自愛)하는 마음가짐을 가지고, 처신한다는 것이다. 그것이 국가·사회·가정의 질서유지와 발전에 불가결한 요인으로 작용할 것이란 얘기다.

이런 얘기는 조상을 존경하고 가문에 감사하는 '존조경종(尊祖敬宗)' 의식과 연결된다. 조상들의 마음속에는 항상 일족과 후손에 대한 책임과 의무가 전제된다. 일족 모두가 그런 의식으로 충만하고 합심하면 극복하지 못할 어려움이 없을 것이다. 보르노 박사는 다른 나라에 없는 한국 사회 저변에 이어져 내려오는 이런 전통이 나라 발전과 개인의 행복에 기여할 수 있을 것이란 얘기를 하고 싶었던 것이리라.

얼마 전 〈장손〉이란 영화가 개봉되어 장손인 나도 개봉 직후 관람하였다. 영화를 본 소감을 한마디로 표현한다면, 장손이 가져야 할 '일족의 화목과 단합'이라는 덕목은 전혀 찾아 볼 수 없었다. 영화 속 할아버지가 '손자의 장래를 위해 아내가 재산 빼돌리는 것을 묵인하고, 죽기 전에 손자 명의 통장을 건네주는 것'만이 뇌리에 남는다. 장손에 대한 기대가 완전히 무너졌다. 몇 대 조상 묘를 관리하는 것으로 보아, 장손으로서의 의무나 책임, 즉 노블레스 오블리주(Noblesse Oblige)도 귀동냥은 했을 터이다.

그런데 영화에서 장손은 그저 가업인 두부 공장, 정확히는 아들, 손자의 향후 장래만을 걱정하는 '필부필부(匹夫匹婦)'에 불과하였다. 아들은 다른 길로 가기를 바랐지만, 학생 시절 빨갱이와 어울리다 절름발이가 되어 할 수 없이 가업을 승계토록 했다. 할머니는 손자가 두부 공장이 아닌 자신의 장래를 개척할 수 있도록 딸이 맡긴 돈까지 보태 손자 명의의 통장을 만들어 빼돌린다. 할아버지는 돈 걱정일랑 말고 색시 데리고 와 아들 셋은 낳아야 한단다.

옛날 사대부는 딸·아들을 차별하지 않았다. 집안의 화합과 단결을 위해 공평하게 대했다. 영화 속 할아버지는 요실금 때문에 기저귀를 차고, 아침인지 저녁인지, 아들인지 손자인지 구분도 못 하는 치매 환자이기도 해 안타깝기는 하다. 하지만 장손으로서 후손들을 위해 무엇을 어떻게 해야 하는지에 대해서는 고민하지 않는다. 그 자체가 조상을 욕보이는 것이다. 슬하 가족들의 분란을 해결할 생각은 않고, 손자에게 통장을 건네고는 사라진다. 장손으로서의 책무를 내팽개친 것이다.

감독은 어느 인터뷰에서 독립영화관에서 상영되고 있는 〈장손〉이 '오락영화'로 자리매김하길 기대한다고 말했다. 그래서인지 웃음거리들을 곳곳에 삽입해 놓았다. 할머니 묘소를 찾은 할아버지가 일제 강점기에 혼자 살아남았음을 일본말로 중얼거린다. 손녀가 제사 음식을 장만하는 데 선풍기만 틀도록 한 할머니가 손자가 오자 에어컨을 틀라고 한다. 경상도 제사상에 오르는 돔배기 산적 얘기를 하는 중에 '재료인 상어가 수입산'이란 얘기를 해 웃게 만든다. 자매가 어머니 빈소에서 부둥켜 잡고 대성통곡하자, 상복을 입은 여자가 '곡(哭)은 그렇게 하는 것은 아니'라며, '아이고'라고 시범을 보인다. 부조금을 정리하면서 많고 적음을 얘기하거나, 상주별로 봉투를 나누는 것 등은 다분히 영화의 재미를 위해 삽입한 것들이다.

제작비는 많이 들지 않았겠지만, 너무 많은 것을 담으려는 욕심 때문에 독립영화, 상업영화 어느 편 관객들로부터도 후한 평가를 기대하기는 어려울 것 같다. 가십거리를 채워 넣어 재미를 추구하며, 아들의 술주정으로 영화를 끌고 갔다. 그렇다고 배꼽 잡고 웃음을 안긴 영화도 아니었다. 독립영화제, 부산국제영화제에서 수상하기는 했으나 개봉 13일 차에 관객 순위 17위에 랭크되어 있을 뿐이다.

영화의 1대 장손보다 젊은 6대 장손이 〈장손〉을 보고 느낀 점은 한마디로 '실망스러운 영화'라는 것이다. 가부장제, 남존여비, 장손에 대한 기대 등 오래 지나지 않은 얘기들이지만, 영화로 보니 새삼스럽기는 했다. 할머니 장례를 계기로 드러나지 않았던 가족 간 갈등이 표면화된다. 자신의 아들딸들이 분란을 일으킴에도 장손인 할아버지는 수습 노력을 기울이지 않고 오로지 손자만을 생각한다. 조상을 존중하고 후대를 배려하는 전통적 가치, 종손의 의무와 책임, 가족 간의 단합과 행복이라는 기대, 어느 하나 제대로 충족시키지 못한 영화였다.

개성이 빛을 발하는 시대다. 전통적인 가족 관계의 복원은 시대에도 맞지 않는다. 그러나 존조경종이란 전통적 가치는 오늘을 살아가는 우리 모두에게 필요한 덕목일 수 있다. 그런 차원에서 보르노 박사의 인식에 동의한다. 가족이 단합하고 상부상조함으로써 개인과 가족의 행복을 가져오는 사회가 되었으면 좋겠다.

피희순

- 세계 미술관 순례 (1)
  - 시드니 뉴사우스웨일스 주립 미술관에 가다

- 세계 미술관 순례 (2)
  - 예술로 부활한 기적의 섬, 나오시마 베네세하우스 뮤지엄

- 세계 미술관 순례 (3)
  - 미국 현대 미술의 보고(寶庫) 휘트니미술관

- 죽은 이의 동행, 토우

- 나를 찾아가는 여정

작가노트

슴슴하던 일상이 글로 다시 엮일 때 그 순간을 즐긴다. 산들문학회 제1집 《시간의 정원》을 시작으로 벌써 6집을 출간하게 되었다. 돌아보니 짧지 않은 시간 동안 함께 손잡고 동행해 준 문우들이 내 옆에 있었다. 그들이 없었다면 도저히 이루지 못했을 일이다. 그들과 함께 인생도 배우고, 글도 나눈다.
주저앉고 싶을 때 옆길로 새지 않도록 손을 내밀어 준 문우들에게 감사의 마음을 전한다.

《수필과비평》 등단(2020)
산들문학회·수필과비평작가회의 회원, (사)한국사진작가협회 정회원
산문집 《시간의 정원》, 《어머니의 유일한 노래》, 《종과 종소리》, 《함께 가는 낯선 길》, 《모노톤으로 그리는 풍경》 공저

hspipi123@gmail.com

세계 미술관 순례 (1)
시드니 뉴사우스웨일스 주립 미술관에 가다

    시드니에는 유명한 미술관이 두 개 있다. 호주 현대 미술관(Museum of Contemporary Art Australia)과 시드니 주립 미술관(Art Gallery of New South Wales)이다. 1871년에 문을 연 시드니 주립 미술관은 호주에서 두 번째로 규모가 크다. 36,700여 점의 세계적으로 유명한 작가들의 작품뿐만 아니라 호주 원주민 예술품까지도 볼 수 있다.

    시드니 주립 미술관으로 가기 위해서는 시드니 중심부를 지나는 세인트제임스역이나 마틴플레이스역에서 내리면 된다. 지나는 길에 시드니에서 가장 오래된 하이드파크와 아름답고 웅장한 세인트메리 대성당을 둘러보아도 좋다.

    미술관은 남쪽과 북쪽, 두 개의 건물로 되어 있는데, 남쪽 건물이 본관 건물이고 새로 지은 북쪽 건물이 별관인 셈이다. 햇빛을 받아 더욱 붉게 빛나는 본관 건물은 그리스 건축 양식으로 아테네 아크로폴리스에서 본 파르테논 신전과 흡사한 모습이다. 북쪽 건물은 흰색의 현대식 건물로 최근에 건립되었다.

    본관 미술관 정면에는 청동으로 된 대형 기마 동상이 양쪽으로 우뚝 서 있다. 〈평화의 제물〉과 〈전쟁의 제물〉이라는 이름의 두 동상은 영국의 조각가 길버트 베이스에 의해 제작되어 1926년에 설치되었다. 말 탄 기수는 각각 그들의 제물을 지니고 있다. 평화의 기사는 평화를 상징하는 올리브 가지와 예술을 의미하는 비극과 희극의 그리스 극장 마스크를 들고 있다. 반면에 전쟁의 기사는 지팡이와 칼, 부러진 창을 들고 있다. 진정한 승리는 전쟁이 아닌 평화의 승리임을 우리에게 전하려는 것이리라.

미술관 입구에 청동과 강철, 대리석으로 만들어진 높이 9m의 거대한 거미가 도사리고 서 있다. 루이스 부르주아의 〈마망(Maman)〉이란 작품이다. 프랑스어로 '마망'은 엄마를 뜻한다. 대형 거미는 갑옷으로 무장하고 대리석으로 만든 알을 배에 가득 품고, 사지를 뻗어 전투태세로 서 있다.

그러나 징그럽고 괴기스럽기까지 한 이 조각상은 내가 생각했던 무서운 거미가 아니었다. 어미 거미가 뱃속에 있는 새끼들을 지키기 위해 다리를 넓게 뻗고 서 있는 모습으로, 모성애의 한 장면을 나타낸 것이다. 이 위협적으로 보이는 작품의 제목이 생각지도 못한 '엄마'라니, 자식을 보호하기 위해 거친 삶도 마다하지 않는 우리네 엄마의 모습과 오버랩되어 머리가 숙어졌다.

〈색깔 있는 생명체(This Living Being That is Colour)〉라는 제목의 컬러풀한 대형 작품이 미술관 1층 벽면을 가득 채워 전시되어 있다. 호주 작가 로버트 오웬의 작품이다. 화려한 색채들의 조화가 파란 하늘에 떠다니는 솜사탕처럼 기분을 끌어올린다. 색채와 형태의 조화로 기쁨을 주려는 예술가들의 노력으로 관람자들은 정신적 위안을 얻는다. 작품 앞에 길게 놓인 의자에 많은 사람들이 앉아 작품을 감상하고 있다. 쉼과 예술을 함께 누리는 그들의 모습이 한없이 여유로워 보인다.

미술관은 시대적, 주제별로 몇 개의 갤러리로 구성되어 있는데 특별 전시를 제외한 모든 전시는 무료이다. 또한 유명 작품들도 바로 손 닿을 수 있는 거리에서 감상할 수 있으며, 플래시를 사용하지 않는 한, 사진 촬영도 가능하다.

1층 중앙홀을 돌아가니 한 작품 앞에 많은 사람들이 몰려 있어 그쪽으로 먼저 발길을 돌린다. 피카소의 유명한 〈흔들의자에 앉은 누드(Nude in a rocking chair)〉가 크게 전시되어 있다. 관람객들은 작품 앞에서 멋진 포즈로 사진도 찍고, 허리를 굽혀 더욱 깊숙이 들여다보며 나름의 감상법으로 작품들과 교감한다. 어떤 관람객은 자신이 좋아하는 작가의 작품 앞에 자리 잡고 앉아 모사(模寫)하는 모습도 보인다. 유명한 작품 앞에 펜스를 치거나 고이 모셔 놓은 것이 아니라 생활 속에서 같이 호흡하고 느낄 수 있도록 하였으니 예술 작품을 대하는 그들의 자세가 더욱 놀라웠다.

미술관에는 고흐의 〈농부의 얼굴(Head of peasant)〉과 폴 세잔, 데이비드 호크니의 작품도 전시되어 있으니 유명 작가의 작품을 하나하나 찾아 보는 재미도 쏠쏠하다. 모딜리아니의 〈목걸이를 한 앉아 있는 누드(Seated nude with necklace)〉와 모네의 〈벨일의 구파르항구(Port-Gouphar, Belle-ile)〉도 여러 작품 사이에서 조용히 관람자들과의 눈 맞춤을 기다리고 있다.

  지하 1층에는 아시아 랜턴 컬렉션이 전시되어 있다. 아시아 랜턴 컬렉션은 인도네시아, 몽골, 일본, 중국 등 아시아 지역의 작품들이다. 이번 전시는 조각, 회화, 직물, 설치 등 다양한 예술품들을 통해 서로 간의 긴장, 불안, 사상을 이해하고, 지리적, 문화적 경계를 넘어 지역 간의 접촉과 경쟁, 교류의 힘을 탐구하는 데 그 목적이 있다고 한다. 세상에 대한 서로의 이해를 알리고 도전하는 변화의 순간에 세상은 '하나의 세계'로 서로 화합하고 어우러지지 않을까 생각해 본다. 그것이 예술이라는 매체가 가진 강력한 힘일 것이다.

  운이 좋게도 러시아의 표현주의 화가이자 예술 이론가인 칸딘스키의 특별 전시가 열리고 있다. 칸딘스키는 현대 추상회화의 선구자로 피카소, 마티스와 함께 20세기 가장 영향력 있는 예술가로 손꼽힌다.

  칸딘스키는 색은 정신을 표현하는 통로이며 영혼에 직접적인 영향을 미친다고 했다. 바그너의 음악에서 감명을 받아 여러 가지 서로 다른 색과 형태가 모여서 하나의 심포니를 이루듯, 마치 자신이 지휘자가 되어 연주하듯 그림을 그렸다.

  이번 전시 작품들의 대부분은 미국 뉴욕의 구겐하임 미술관의 소장품으로 2024년 3월 10일까지 전시한다. 매주 수요일 1시에는 한국어 가이드가 무료 작품 해설로 관람을 도와주니 이 기간에 여행 중이라면 관람해도 좋을 것 같다.

북쪽 전시장에는 흰색의 현대식 건물 앞에 사람 형상의 여러 가지 대형 조각 작품들이 설치되어 있다. 마치 방문객들의 이야기를 경청이라도 하듯 팔을 길게 벌리고 내려다보고 있는 모습이 매우 인상적이다.

전시장에 들어서니 이리바나 갤러리가 먼저 눈에 띄었다. 이리바나(Yiribana)는 호주 원주민어로 '이쪽(this way)'을 의미한다. 1994년 개관 당시 호주 원주민과 토레스해협 섬 주민들의 예술품들을 전시하기 위한 전용 공간으로 붙여진 이름이다. 디스플레이는 원주민 언어인 부르방가나(Burbangana)에서 영감을 받았다고 한다. '내 손을 잡고 도와 달라'는 뜻의 부르방가나는 초대장과 비슷한 의미로서 관대함과 배려로 사람들 사이의 연결을 강조한다.

낯익은 한국 작가의 전시가 눈에 들어왔다. 개념 미술가인 김수자의 대형 설치 미술 작품 〈마음의 기하학(Archive of Mind)〉이 큰 홀을 가득 채웠다. 〈보따리 트럭〉, 〈바늘 여인〉으로 잘 알려진 김수자 작가는 한국의 대표적인 설치 미술가이자 개념 미술가이다. 그녀의 작품을 여행 중에 만날 수 있다는 건 참으로 행운이다.

〈마음의 기하학〉은 비치된 네 가지 색의 찰흙을 가지고 관람객들이 테이블에 앉아 찰흙을 굴리면서 직접 동그란 구(球)를 만든다. 관람객들은 이러한 행위에 참여함으로써 마음을 비우는 과정을 체험하게 된다. 찰흙으로 자신들의 마음을 조형하고 깊은 숨과 정신을 담아 동그랗게 만든 구는 지름 19m의 대형 테이블 위로 굴러 들어가 마치 이 우주에 자신이 흡수되는 양 다른 구들과 함께 섞여 하나의 작품을 이룬다.

구를 만들어 테이블 위에 놓고 가는 이러한 작업은 각자가 가진 마음의 덩어리를 내려놓는 행위가 될 수도 있고, 하나의 작업으로 형성되어 작은 소우주를 만들어 놓고 간다는 의미이기도 하다. 구를 굴려 만드는 동안 참가자들은 자신의 깊은 내면의 소리를 들을 수 있는 의미 있는 시간이 될 것이다. 예술가의 역할은 무(無)에서 새로운 것을 창조하는 것이 아니라 존재하는 것에 새로운 의미를 발견하는 것이라는 그녀의 말이 떠오른다.

시드니 주립 미술관을 관람하고 로열 보타닉 가든으로 나오면 호주 역사보다도 더 오래된 듯한 아름드리나무들이 큰 그늘을 드리우고 있다. 그 밑에 잠시 앉아 푸른 하늘을 가슴 깊이 품어 보았다.

《에세이문학》 연재 (2024 봄호)

세계 미술관 순례 (2)
예술로 부활한 기적의 섬,
나오시마 베네세하우스 뮤지엄

몇 년 만에 나오시마를 다시 찾았다. 먼바다에 떠 있는 작은 섬 하나가 오랫동안 가슴에 남아 떠나지 않는다. 나오시마는 일본 시코쿠 가가와현에 속해 있는 섬으로 세토내해(內海)에 있다. 인구 3천 명에 면적은 여의도와 비슷하게 작은 섬이다.

다카마쓰항에서 페리를 탔다. 배는 푸른 바다를 가르며 여유롭게 달린다. 페리는 50분 후, 나오시마 미야노우라항에 도착한다. 항구에서 가장 먼저 눈에 띄는 것은 멀리서도 한눈에 알아볼 수 있는 쿠사마 야요이의 〈빨간 호박〉이다. 땡땡이 문양의 빨간 앞치마를 두르고 손님을 맞이하는 안주인의 모양새다.

나오시마는 1917년에 미쓰비시 구리 제련소가 들어서면서 한때 제련소의 발전으로 큰 호황을 누렸다. 그러나 끊임없이 배출되는 유독가스와 중금속 폐기물로 자연은 극도로 파괴되고 마침내 한센병 환자들의 수용소가 되면서 섬은 폐허가 되었다. 황폐해진 섬을 살리기 위해 2004년부터 이 섬에 새로운 바람이 불기 시작했다. 베네세 재단이 세계적인 건축가 안도 다다오와 손을 잡았다. '베네세 아트

사이트 나오시마(Benesse Art Site Naoshima)' 프로젝트다.

　나오시마는 크게 3구역으로 나눌 수 있다. 〈빨간 호박〉과 I♡湯(아이러브유) 목욕탕이 있는 미야노우라항 지역, 베네세하우스 뮤지엄과 지중 미술관, 이우환 미술관이 있는 예술 지역, 그리고 버려진 폐가를 이용한 이에(집) 프로젝트로 다시 살아난 혼무라 지역이다.

　안도 다다오는 섬의 아름다움을 살리면서 자연과 인간이 함께 호흡할 수 있는 공간을 구상하였다. 그 작업의 하나로 가장 먼저 시작한 것은 섬에 나무를 심는 일이었다. 일종의 생명을 불어넣는 작업이다. 섬은 다시 살아났고 발길 닿는 곳마다 예술 작품을 만날 수 있는 아름다운 나오시마로 변하였다. 그중에서 가장 먼저 빛을 본 것이 베네세하우스 뮤지엄이다.

　세토내해의 푸른 바다를 배경으로 섬의 남쪽 끝에 위치한 베네세하우스 뮤지엄은 건물 자체가 예술이다. 역시 안도 다다오의 작품이다. 뮤지엄은 비치, 오벌, 뮤지엄, 파크로 나누어져 있다. 각 구역은 현대 미술 작품을 전시하는 미술관일 뿐만 아니라 호텔과도 연계되어 있다.

　어둠을 뚫고 나오는 강렬한 십자가의 빛에 압도되어 걸음을 멈추었다. 안도 다다오의 〈빛의 교회(Church of the Light)〉 사진이다. '빛의 교회'는 오사카 인근의 이바라키 마을에 있는 30평 남짓 되는 작은 교회다. 안도 다다오 건축 양식과 자연을 소중히 담아내는 그의 신념을 한눈에 가늠할 수 있는 불후의 명작이다.

베네세하우스 호텔 투숙객은 뮤지엄의 모든 전시장을 무료로 관람하고 밤 11시까지 개방되어 재입장도 가능하다. 외부 관람객들이 모두 떠난 시간에 오로지 나만을 위한 미술관에서 여유로운 감상과 힐링의 시간을 보낼 수 있다. 눈도장 찍듯 바삐 다니며 작품을 보는 것이 아니라 그 속에 온전히 스며들어 같이 호흡하며 느낄 수 있도록 한 안도 다다오의 계획된 의도가 아닐까 생각한다. 개인적으로 예술 작품은 단순히 보는 것이 아니라 누리는 것이라는 느낌을 처음으로 갖게 한 곳이다.

　미술관은 안도 다다오 특유의 무심한 듯 계획된 콘크리트 벽을 따라 오르락내리락하고 때로는 밖으로 밀어 내기도 하면서 다소 비효율적인 동선 구조로 이루어져 있다. 하지만 거기서 느끼는 그 감정은 참으로 흥미롭고 신선하다.

　유리창 너머 어스레하게 투영되는 작품들이 보인다. 히로시 스키모토의 〈바다 풍경(Seascapes)〉 시리즈가 처연하게 비를 맞고 서 있다. 사진 작품은 열화 현상과 기상 변화 등으로 야외 전시를 꺼린다. 이런 이유로 야외 전시를 반대하는 안도 다다오의 생각을 꺾고 히로시 스키모토는 스스로 밖으로 나갔다. 뜨거운 태양과 비바람을 몸소 맞기로 자처한 것이다. 그것은 반항이 아니라 자연과 세상에 대한 경외와 순응으로 보였다.

　히로시 스키모토의 〈바다 풍경〉 시리즈는 1980년부터 그가 세계 곳곳을 다니면서 찍은 바다 사진이다. 대기와 바다가 정확하게 이등

분되는 동일한 형태로 공기, 물, 빛만 남기고 모든 것을 제거한 미니멀리즘의 극치로 평가된다. 어둠 속에서 비를 맞고 묵묵히 서 있는 흑백의 농담이 주는 묘한 분위기가 성스럽기까지 하다. 때로 어둠이 주는 힘은 빛으로 가능할 수 없는 깊은 내면의 감정까지도 끌어올려 또 다른 신비로움과 몰입의 힘을 갖게 한다.

메인 전시장에서는 데이비드 호크니의 〈수영장〉과 여러 점의 〈정원〉 시리즈, 미국 조각가 조나단 보로프스키의 〈세 명의 수다쟁이(Three Chattering Men)〉, 야나기 유키노리의 〈세계 깃발(The World Flag Ant Farm)〉, 나오시마 앞바다 세토내해로 떠내려온 나뭇조각을 모아 만든 리처드 롱의 설치작품 등 다양한 작품을 만날 수 있다.

우리나라 박서보 작가의 한지를 이용한 〈묘법〉 작품도 보인다. 박서보 작가는 한국 현대 미술 단색화를 대표하는 작가다. 지난해 작고 소식을 듣고 안타까워했던 기억이 있어 그의 작품 앞에 서니 더욱 경건한 마음이 들었다. "캔버스에 한 줄이라도 더 긋고 싶다."라고 한 그의 예술적 열정이 고스란히 보이는 듯하다.

자연과 건축, 예술이 서로를 배려하면서 어우러진 베네세하우스는 아름다운 자연환경과 현대 건축의 절묘한 조화로 여유로우면서도 독특하다. 어느 순간, 그 작품 속에 서 있는 하나의 대상이 나 자신임을 발견할 때 비로소 베네세하우스가 추구하는 '공생'이라는 의미가 완성되는 느낌이다. 건물이 주가 아니라 자연이 우선시되고, 그 속에서 인간과 예술이 조화롭게 녹아들어 있다. 압도적이면서도 위협적이지 않고 무언의 겸허함으로 그 존재감을 드러낸다.

해변과 인접해 있는 파크에는 프랑스의 조각가 니키 드 생팔과 어린이들의 순박한 동심이 담겨 있는 카렐 아펠의 귀엽고 원색적인 조각 작품들이 즐거움을 더해 준다.

솔잎 향이 퍼져 있는 바닷가 옛 선착장 자리에 파도 소리와 함께 무심히 바다를 바라보고 있는 〈노란 호박〉이 눈에 들어왔다. 쿠사마 야요이의 〈노란 호박〉을 보는 것은 나오시마를 여행하는 큰 이유 중의 하나가 될 것이다.

쿠사마 야요이는 어린 시절 어머니의 학대로 심한 강박증과 정신 불안에 시달렸다. 10살 때는 식탁보의 꽃무늬가 물방울로 변하여 집 안 곳곳에 떠다니면서 자신을 덮치는 심각한 환각 증세를 경험하였다. 그녀는 자신을 지독하게 괴롭혔던 어머니가 물거품처럼 사라지기를 바라는 마음으로 어머니의 초상화에 온통 물방울을 그려 넣었다고도 한다. 불안과 공포를 이기기 위해 그리기 시작한 물방울무늬는 마침내 그녀 작품의 상징이 되었고 세계가 사랑하는 예술 작품으로 승화하였다.

선착장 끝에 놓인 쿠사마 야요이의 〈노란 호박〉은 그녀의 불운했던 시간을 파도에 흘려보내듯 의연하게 앉아 있다. 작품을 바라보는 것만으로도 마음이 평온하다. 작가의 고통과 불안이 응축된 예술 작품이 우리에게 힐링과 위안의 대상으로 다가오는 게 참으로 아이러니하다. 그녀 옆에 조용히 앉아 본다. 먼바다가 붉은 기운을 뿜어내며 아침 해를 뜨겁게 품고 오른다.

나오시마는 절명의 순간에 다시 살아나 전 세계 사람들의 가슴을 설레게 하는 예술섬의 성지로 부활하였다. 그 속에서 잠시라도 마음의 짐을 내려놓자. 아픈 섬의 상처가 예술 작품으로 새살 돋듯이 나오시마는 우리에게도 위로와 치유의 손길로 오랫동안 기억될 것이다.

《에세이문학》 연재 (2024 여름호)

세계 미술관 순례 (3)
미국 현대 미술의 보고(寶庫) 휘트니미술관

　뉴욕 첼시 지역에서 남쪽으로 하이라인파크를 따라 걸었다. 맨해튼을 감싸듯 서쪽으로 흐르는 허드슨강에서 불어오는 시원한 바람이 도시의 답답함을 잊게 한다. 산보하듯 하이라인파크를 즐기다 보면 어느덧 높은 빌딩과 강변을 배경으로 세련된 건물 하나와 마주하게 된다.

　박물관 건축의 거장 렌조 피아노(Renzo Piano)가 설계한 휘트니미술관이다. 렌조 피아노는 이탈리아 건축가로 일명 뮤지엄 설계 도사로 유명하다. 파리의 3대 미술관 중 하나인 퐁피두센터와 이스탄불 현대미술관, 미국 시카고미술관, 그 외에 일본 간사이 국제공항과 뉴욕의 뉴욕타임스 빌딩 등이 그의 대표 작품이다.

　하이라인파크는 과거 화물열차가 다니던 철로를 개조해 만든 공원이다. 대중교통의 발달로 그동안 화물 운송을 맡았던 철도 산업이 쇠퇴하면서 20여 년간 버려진 채 흉물로 남아 있던 고가철도가 시민들의 쉼터가 되었다. 9미터 높이의 하이라인 곳곳에는 예술 작품을 설치하여 볼거리도 다양하다. 아직도 남아 있는 녹슨 철로는 지나간 시간을 회상하듯 이름 모를 야생화 사이에 말없이 놓여 있다.

휘트니미술관(Whitney Museum of American Art)은 1931년에 미국의 거트루드 밴더빌트 휘트니(Gertrude Vanderbilt Whitney, 1875~1942년)에 의해 설립되었다. 그녀는 유명한 밴더빌트 가문의 상속녀로 명예와 돈, 어느 것 하나 부러울 것 없이 부유하게 자랐다. 철도왕으로 알려진, 그녀의 증조부 코닐리어스 밴더빌트는 네덜란드계 이민자로 철도, 운송업으로 미국 최고의 부호 반열에 오른다. 우리가 알고 있는 미국 역사상 최고의 거부인 록펠러에 이어 두 번째 부자로 기록된다.

거트루드 밴더빌트 휘트니는 조각가로도 유명하다. 타이타닉호의 희생자들을 기리기 위한 타이타닉 기념관 작품을 비롯해 많은 조각 작품이 있다. 그녀는 1907년, 뉴욕 맨해튼 그리니치빌리지에 처음으로 '8번가 스튜디오'라는 개인 작업실을 열었다. 자신의 작품 활동을 하면서 생계가 어려운 젊은 작가들을 적극 후원하였다. 레지던시 프로그램을 운영하며 가난한 예술가들에게 거처와 생활비를 지원해주고 작품 활동에 전념하도록 했다. 특히 미국을 표현하고 그리는 젊은 작가들을 지속적으로 후원하였다.

경제적으로 힘든 그들을 돕기 위해 유럽 거장들의 작품 대신 에드워드 호퍼, 앤디 워홀, 잭슨 폴락 등과 같은 무명의 미국 작가들의 작품을 꾸준히 구매하였다. 이러한 이유로 지금 휘트니미술관은 세계가 사랑하는 에드워드 호퍼의 작품을 가장 많이 보유하고 있는 미술관이 되었다.

미국 대공황이 몰아치면서 갤러리 경영에 어려움을 느낀 거트루드는 자신이 모은 700여 점의 그림을 메트로폴리탄미술관에 기증하려 했다. 그러나 거절당했다. 당시만 해도 유럽 정통 미술을 우월시하고 미국 현대 미술가들의 작품은 인정받지 못할 시기였다. 더구나 검증되지 않은 신진 작가들의 작품이었으니 메트로폴리탄에서 거부한 것이다. 메트로폴리탄미술관으로부터 기증 거부를 당한 거트루드는 자신의 소장품을 전시하고 신진 작가들에게 전시 공간을 제공하기 위하여 직접 미술관을 건립하기로 결심했다. 1929년에 개관한 뉴욕 현대미술관(MoMA)이 유럽 미술에 관심을 가지고 집중한 반면, 휘트니미술관은 살아 있는 미국 작가들의 작품을 수집하고 전시하였다.

　휘트니미술관은 예술가의 개성과 자율성을 보장하고 미국 예술 작품은 미국의 시대정신을 담아야 한다는 그녀의 강한 의지로 파격적이고 새로운 트렌드의 작품을 적극 수용하고 전시하였다. 미국 미술의 전통을 살려 계승하고자 하는 명확한 휘트니미술관의 정신은 지금까지도 이어지고 가장 미국다운 미술관으로 평가되고 있다. 따라서 휘트니미술관은 실험적이고 혁신적인 새로운 시도를 하는 예술가를 위한 최적의 장소가 되었다. 1982년 망가진 텔레비전 모니터가 예술 작품으로 탄생한 백남준의 파격적인 전시회가 처음으로 열린 곳으로도 유명하다.

　올해는 '휘트니 비엔날레 2024'가 열리는 해이다. 1932년부터 시작된 전시는 지금까지 매해 또는 격년으로 특별 전시가 이루어진다. 2년마다 개최되는 지금과 같은 형태의 휘트니 비엔날레는 1973년부터 시작되었다. 미국에서 활동하는 신진 예술가들을 발굴하고 소개하기 위한 목적으로 개최되었다.

올해의 주제는 '실제보다 나은 것(Even Better Than the Real Thing)'이다. 이번 전시는 '실제(the real)'에 대한 생각에 초점을 맞추었다. 그동안 우리가 '진짜'라고 여겨 왔던 사회적 가치에 대한 의문을 제기하고 현재 직면한 상황을 작품을 통해 비판적 논의로 재인식해 보자는 것이 이번 전시의 취지라고 한다. 71명의 작가와 단체가 참가하였으며 정치, 사회, 문화 등 다양한 영역을 다루어 매우 독창적이며 창의적이다. AI를 활용한 작품도 눈에 띈다. 휘트니 비엔날레는 이탈리아 베니스 비엔날레, 브라질의 상파울루 비엔날레와 함께 세계 3대 비엔날레로 꼽힌다.

미술관은 총 8층으로 되어 있다. 상설 전시장인 7층을 제외하고는 비엔날레 참가 작품으로 풍성하다. 상설 전시장에는 휘트니미술관이 소장한 1900년에서 1965년까지의 미국 현대 미술 작품이 전시되어 있다. 거트루드 밴더빌트 휘트니의 초상화와 조각 작품도 볼 수 있다. 로버트 헨리의 작품 〈거트루드 밴더빌트 휘트니〉 초상화는 휘트니미술관의 대표작 중 하나이다. 일반적인 초상화와는 다른 느낌이다. 시대를 뛰어넘은 파격적인 바지 차림과 화려한 의상이 인상적이다. 한쪽 팔을 소파에 걸치고 비스듬히 누운 듯 기대어 앉아 있는 그녀의 모습에서 시대에 타협하지 않고 끝까지 미국 미술을 지켜낸 강인한 시대정신이 보인다.

에드워드 호퍼는 뉴욕을 배경으로 도시화되어 가는 미국의 일상적인 사회 모습을 독특하고 묵직한 자신만의 색감과 구도로 사실적으로 표현했다. 그의 작품 〈밤을 지새우는 사람들〉에서는 밤이 주는 으슥함과 절제된 공간에 갇힌 듯한 사람들의 모습에서 도시의 고독함마저 느끼게 한다. 우리에게 익숙한 미국 팝아트의 거장 앤디 워홀과 로이 리히텐슈타인, 미국 모던 회화의 선구자 조지아 오키프의 작품도 전시장을 가득 채웠다.

뉴욕 본토박이 할렘 출신의 흑인 추상표현주의 작가 노먼 루이스의 〈아메리칸 토템〉 옆에 목탄화를 연상시키는 백인 추상표현주의 화가 프란츠 클라인의 〈마호닝〉이 같은 벽면에 전시되어 있다. 두 작품은 모두 '흑백'으로 표현되어 있다. 백인 남성 위주의 추상표현주의 화단에 노먼 루이스는 유일한 흑인 1세대 화가이다. 흑과 백의 화합을 상징하듯 두 작품이 나란히 서 있는 것이 흥미로웠다.

휘트니미술관은 일반 미술관들과 달리 외부 전시장으로 통하는 발코니가 설계되어 있다. 철제 난간으로 된 발코니는 본채의 차분하고 세련된 분위기에 역동적이면서도 캐주얼한 이미지를 더하였다. 외부 발코니에서는 맨해튼 시내가 한눈에 들어온다. 초고층 전망대가 부럽지 않다. 탁 트인 시야로 강 건너 뉴저지도 가까이 보인다. 9.11 테러로 무너진 세계무역센터 자리에 세워진 원 월드 트레이드

센터는 멋진 인증 사진의 배경이 되었다.

  서쪽으로 지는 해가 여린 빛으로 시작해 서서히 황금빛으로 물드는가 싶더니 팔레트의 모든 물감을 쏟아부었다. 몽환적인 하늘이 가슴을 설레게 한다. 날씨가 좋으면 에드워드 호퍼의 〈철길의 석양〉을 상기시키는 듯한 원색적이고 오묘한 색으로 펼쳐진 뉴욕 하늘도 볼 수 있다. 휘트니미술관에서의 일몰은 작품 관람 후 테라스 카페에서 커피 한잔과 함께 누릴 수 있는 보너스 같은 선물이다. 렌조 피아노는 이 테라스에서 바라보는 맨해튼 풍경을 '도심 속에서 헤엄치는 느낌'이라고 표현했다.

  미술관 1층 로비는 사방이 유리로 되어 있다. 로비와 외부의 경계가 없어 답답하지 않고 시원한 느낌이 든다. 거리의 사람들과 허드슨강의 아름다운 조망까지도 끌어안았다. 개성과 다양성을 중요시하는 미국을 그대로 보는 것 같다. 렌조 피아노는 1층 로비를 '라르고(largo)'라고 부른다. 음악에서 '천천히, 느리게'라는 의미를 생각하니 2배속으로 움직이는 뉴요커들의 바쁜 발걸음이 마치 저속 촬영 한 것처럼 여유롭게 늘어져 보인다.

  작년에 에드워드 호퍼 전시를 위해 한국을 방문한 휘트니미술관의 관장 와인버그의 말이 생각난다. 그는 미술관을 오케스트라로 표현했다. 오케스트라는 한 가지 악기가 아니라 다양한 악기들이 서로 다른 것을 연주하고 또한 시간에 따라 변해야 하는 것처럼 미술관도 오랜 기간 동안 '비전'을 가지고 열린 마음으로 움직여야 한다고 했다. 20년간 휘트니미술관에서 몸담고 은퇴한 그의 말에서 휘트니의 정신이 살아났다.

휘트니미술관은 단순히 미술 작품을 전시하는 공간 그 이상의 의미를 가지고 있다. 세계 최대 강국으로 살아가고 있는 미국도 어느 한구석에 늘 헛헛함이 있었을 것이다. 부(富)로써 채워지지 않는 전통과 예술에 대한 갈망은 끊임없이 유럽을 돌아보게 하고, 그 속에서 오로지 미국 미술의 전통을 이어 가고자 하는 휘트니의 강한 열망과 의지는 마침내 미국 미술의 자존심을 지켰다.

휘트니미술관이 뉴욕에서 가장 트렌디 하면서도 과거 화려한 부흥기를 누렸던 올드 맨해튼의 감성을 그대로 지켜 가고 있는 첼시 지역에 서 있는 의미를 다시 한번 생각해 본다.

《에세이문학》 연재 (2024 가을호)

죽은 이의 동행, 토우

죽음, 유언장과 같은 떠올리고 싶지 않은 주제에 관한 질문을 불현듯 받았다. 그 당혹스러움과 난감함이 바로 현실로 다가왔을 때 우리는 이 상황을 어떻게 마주해야 할까.

인생은 반복되는 '죽음'과 '삶'을 확인하는 과정이다. 하루를 마치고 돌아서며 무의식적으로 내일을 기약한다. 헤어짐은 이승에서의 영원한 작별을 고하는 것일 수도 있고 내일을 기약하는 무력한 인간의 바람이기도 하다.

고대 신라와 가야인들이 장송 의례에 사용했다던 토우를 본 적이 있다. 토우란 '흙으로 만든 인형'이란 뜻이다. 상형 토기와 토우 장식 토기는 홀로 길 떠나는 망자의 외로움을 달래며 그들과 동행하기를 바라는 마음으로 빚어 함께 넣었다. 이별을 준비하며 만든 토우는 새, 말, 인형 등 망자의 지위와 일상, 취미에 따라 다양한 모양으로 만들어져 고대 사람들의 생활관과 내세관을 짐작하게 하였다.

죽음은 그렇게 거창하게 오는 것은 아니었다. 어제 보았던 이가 오늘, 이 공간에서 사라졌을 때 우리는 존재의 상실감을 경험한다. 안타까운 일이지만 그가 긴 여행에서 돌아오지 않는 한 우리는 그의 존재를 죽음으로 정의한다. 죽음은 마음의 준비를 할 여유도 주지 않고 남은 이들의 사정도 봐주지 않았다.

어머니의 죽음은 나에게 심한 상실감뿐만 아니라 인간의 존재를 무의미하게 만들었다. 옛 어른들은 늘 아홉수에 대한 경고를 잊지 않았다. 나이의 숫자가 9로 끝나는 해에는 좋지 않은 일이 생길 수 있으니 조심하고 경계하라는 뜻이다. 내 나이 서른아홉. 갑작스러운 어머니의 죽음이 나의 아홉수에 대한 응보였을 거라는 생각은 한동안 나를 옥죄는 검은 먹구름이 되었다.

구정을 며칠 앞둔 어느 날 밤, 화롯불에 올려놓은 군밤이 톡톡 터지듯 밤늦도록 어머니와 주고받은 수다가 아침에 눈을 뜨니 흔적도 없이 사라졌다. 몇 시간 전만 해도 까랑까랑 울리던 웃음소리가 이제는 이 공간에서 더 이상 들을 수 없게 되었다. 모든 것이 사라졌다. 세상이 멈춘 듯한 그 기억은 한때 어머니의 목소리도, 희미하게 남은 잔상까지도 모두 지워 버리고 싶은 아픔과 원망으로 뒤범벅이 되었다. 그렇게 어머니는 우리에게 말 한마디 남기지 않고 홀연히 삼도천(三途川)을 건너 버렸다.

삶의 고통이 힘들어서일까. 늘 피안의 세계를 갈망하던 어머니는 찬란한 아침 햇살에 증발해 버린 새벽이슬처럼 우리 곁을 떠났다. 어머니가 없는 세상에 홀로 버려진 나는 외로움과 두려움으로 삶의 끈을 놓고 싶을 정도로 깊은 수렁에 빠졌다. 그럼에도 내 입에 밥이 들어가고, 여전히 세상은 소리 없이 돌아간다는 사실에 분노하면서 나의 아홉수는 그렇게 심한 홍역을 치렀다.

그 이후로 나는 어머니가 떠난 나이, 64라는 숫자에 대한 트라우마가 생겼다. '누가 나에게 64라는 시간을 보장할 수 있을까?'라고 생각하니 하루하루가 무서웠다. 어머니의 죽음이 가져온 64에 대한 두려움과 트라우마는 오랫동안 나를 괴롭히며 따라다녔다.

우리는 어머니의 죽음에 대해 아무런 준비도 없었다. 심지어 '혹시'라는 의구심도 전혀 갖지 못했으므로 죽음이라는 자체를 상상하지도, 거룩하게 맞을 준비도 되어 있지 않았다. 그렇게 어머니의 죽음은 살아 있는 우리를 혼돈의 세계로 몰아넣었다.

미국의 한 정신과 의사는 사람이 죽음을 선고받고 이를 인지하기까지의 과정을 부정, 분노, 우울, 협상, 수용의 5단계로 구분하여 정의하였다. 나는 오랫동안 죽음에 대한 부정과 분노, 우울감에서 헤어나지 못했다. 그러나 고대 신라인들은 달랐다.

신라인들은 토우를 빚는 손끝에 그들의 수만 가지 감정을 담아내며 죽음을 받아들였다. 분노의 감정도, 슬픔의 감정도 에둘러 담았다. 그들에게 죽음은 두려움이 아니라 다음 생을 위한 아름다운 이별이었다. 가까운 이를 보내며 죽음 너머의 삶에 대한 행복과 안녕(安寧)을 바라는 마음도 함께 빚어 넣었다. 귀엽고 익살스럽게 다듬어진 토우와의 동행은 죽음이라는 어둡고 긴 여정도 결코 두렵거나 외롭지 않고 즐거운 여행이 되었으리라.

토우와의 만남으로 꽤 오랫동안 나를 괴롭힌 64라는 트라우마와 고통의 경험은 갑자기 들이닥칠 죽음에 대한 두려움이 아니라 그것을 의연하게 받아들이고 준비하는 겨울나기였다. 하루하루 반복하며 살아가는 순간들이 일상처럼 마주하게 될 생(生)과 사(死)의 끊임없는 반복임을 깨달았다. 죽음에 대한 나의 두려움은 그렇게 사라졌다.

아이들에게서 생일 선물로 받은 팔찌에 눈길이 갔다. 애장하는 팔찌에는 앙증맞은 하트 모양의 딸랑이에 아주 작은 글씨가 새겨져 있다.

'처음에는 나의 어머니, 영원한 나의 친구(First my mother, forever my friend)' 엄마와 딸로서 처음 인연을 맺었지만, 영원한 친구로 함께하겠다는 글귀다. 보기만 해도 미소가 절로 나온다. 나의 영원한 친구가 되어 줄 아이들이 새삼 고맙다.

언제가 될지 모를 훗날 나의 토우가 되어 아름다운 여행에 기꺼이 동행해 줄 딸랑이 팔찌가 오늘따라 유난히 사랑스럽다.

나를 찾아가는 여정

 지금까지의 삶에서 나는 때때로 작은 돌부리에 걸려 넘어지고 상처를 입기도 했지만, 크게 다친 적은 없었다. 내 마음속에는 늘 희망이라는 단어를 품고 있었고, 내 인생은 내가 그리는 대로, 내 의지대로 만들어진다고 믿으며 살아왔다. 그 믿음은 지금도 내 안에 깊이 자리하고 있다.
 사람들은 저마다 다른 방식으로 살아가고, 각자의 어려움 속에서 자신만의 길을 찾아내며 살아간다. 그 과정은 사람마다 다르다. 시련의 결도, 골의 깊이도 다르다. 누군가는 깊은 상처를 견디고, 누군가는 얕은 고통을 오래도록 안고 간다. 중요한 건 고난의 크기나 깊이가 아니라, 그것을 어떻게 받아들이고 어떤 방식으로 이겨 내느냐에 있다고 생각한다.
 내 삶은 절명의 위기나 드라마틱한 사건으로 채워진 이야기는 아니다. 누구나 겪을 수 있는 평범한 일상 속에서 나는 그저, 그런 나로 살았다. 그래서 내 이야기를 굳이 드러내고 싶지 않았다. 하지만 수필을 쓰게 되면서, 마치 일기를 쓰듯 나의 생각과 삶을 기록하고 싶었다.
 어느 외딴섬에 갇혔던 기억이 난다. 짙은 안개로 하루에 한 번 떠나는 배가 출항하지 못했던 그날, 어쩔 수 없이 하루라는 시간을 덤으로 받았다. 새벽안개가 내려앉은 바닷가로 나갔다. 세상은 온통 안개로 가득 차 있었고 사방 어디를 돌아봐도 아무것도 보이지 않았다. 하늘도 사라지고, 땅도 사라졌다. 오직 나만이 거기 서 있었다. 텅 빈 우주 속에 길을 잃은 듯 홀로 덩그러니 떠 있는 듯한 그 순간, 나는 나 자신을 마주하게 되었다. 그 모습은 점점 또렷하게 다가왔다. 처음으로 나를 깊이 들여다보는 순간이었다.

글을 쓰는 일은, 마치 짙은 안개 속에 앉아 나를 바라보는 것과 같다. 눈을 감으면 머릿속을 가득 채우고 있던 잡념들은 서서히 사라지고, 숨소리조차 거친 감각으로 다가오는 그 고요 속에서 내 마음은 더 깊은 곳으로 가라앉는다. 마음이 고요해진다.

시간을 되감듯, 흐릿하게 스쳐 지나가는 기억의 잔상들이 서서히 떠오를 때, 나는 그 순간들을 되돌려 본다. 마치 얼어붙은 시간에 생기를 불어넣듯이 기억들이 다시 살아 숨쉬기 시작한다. 살아온 날들 속에 쌓인 마음의 응어리들, 분노와 좌절, 후회와 상실과 같은 수많은 감정의 찌꺼기들이 글을 쓰며 수면 위로 떠오를 때, 부끄럽지만 나는 조용히 그 감정들을 마주하고 떠내는 작업을 한다. 감정의 파편들이 흩어지고, 그 속에서 나 자신을 발견하고 내 안의 이야기를 풀어낸다.

삶이란 크고 화려한 것으로만 이루어진 것이 아니라, 눈에 보이지 않는 작은 조각들로 완성된다는 사실을 글을 쓰면서 깨닫게 되었다.

때로는 그 기억들이 아픈 상처였고, 때로는 달콤한 행복이었다. 잊고 지냈던 작은 섬들처럼, 소중한 기억들을 하나하나 추억해 내면의 진실을 마주하며 작은 조각들을 글로 담아내는 일은 나에게 또 다른 기쁨이 되었다.

 그 속에서 인생을 이야기해도 좋고, 내 삶을 하나하나 기록해도 좋겠다. 화려할 필요는 없다. 수려하지 않아도 괜찮다. 그저 담담하고 담백하게 삶의 소소한 순간들이 작은 울림으로 내 안에서 오랫동안 기억되기를 바랄 뿐이다.

전효택

· 잃음과 아쉬움 사이
· 선각자 송강 이준열
· 잊지 못하는 영롱한 눈망울
· 포도주에 대한 여러 기억
· 산호섬 미야코지마

작가노트

인생에서 성공한 사람은 교양이 있고 남을 배려할 줄 아는 사람이라고 믿고 있다. 제자와 지인에게는 다음 '세 가지의 What'을 덕담으로 들려준다.

What is new today?

What should I do next?

What can I do for you?

건강을 유지하는 비결은 'BMW(= Bus + Metro + Walking)를 타야 한다'고 주창하고 있고, 매일 만 보 이상 걷기를 실천하고 있다.

《현대수필》 등단(2014)

현재 《계간현대수필》 상임고문, 서초문인협회 부회장, 《여행문화》 부주간 역임. 서울대학교 에너지자원공학과 명예교수

후정문학상(2021)과 서초문학상(2023) 수상

산문집 《아쉬운 순간들 고마운 사람들》(2016), 《평생의 인연》(2018), 《청년 연가(緣家)》(2020), 《나의 학문, 나의 삶 2》(2020, 5인 교수 공저), 《내 인생의 푸른 시절》(2022), 《살아 있다는 의미》(2024)

chon@snu.ac.kr

잃음과 아쉬움 사이

　수년 전 검정색 펄튼(Fulton) 장우산을 잃어버렸다. 펄튼 우산은 투명 우산을 쓰고 있는 엘리자베스 여왕이 광고 모델이며 영국 왕실이 인정한 브랜드이다.
　광화문 교보문고에 들렀다가 화장실에 그 우산을 놓고 나왔다. 서점을 나왔을 때 잊고 나옴을 알고 급히 화장실에 갔으나 우산은 사라지고 없었다. 아마 십여 분도 채 안 되었을 거다. 서점 접수 안내에 들러 문의해도 분실물 습득 신고는 없다 했다. 보기에도 튼튼한 검은색 긴 우산을 누군가가 들고 갔으리라.
　살아오는 동안 우산을 버스에 놓고 내리기도 하고 또는 상점이나 다른 사무실에 놓고 나오기도 하는 등 몇 번 잃기도 하고 찾기도 했다. 내가 잃어버린 우산 중 지금도 가장 아깝고 아쉬웠던 우산이 그 펄튼 우산이었다. 그 우산을 처음 본 내 친구들도 특이한 우산을 어디서 구했느냐고 부러워했다. 내가 보기에도 가볍고 튼튼하며 신사용, 신변 보호용으로도 제격이어서 가장 아끼던 우산이었다.
　서점을 찾을 정도의 교양인이라면 분실물 습득 신고를 해 주었거나 제자리에 두었더라면 하는 아쉬움이 아직도 남아 있다. 그 펄튼 우산은 국내 백화점에 수입 판매하는 지인이 내게 선물한 우산이어서 미안하기도 했다. 요즘도 비 오는 날이면 먼저 그 검은색 펼튼 장우산이 생각난다.

요즘 우리나라에서는 잊고 간 남의 물건은 그 자리에 그대로 놓아두거나, 습득물 접수 창구에 신고하는 게 일반적인데 의외였다. 언젠가 겨울에 지하철에서 머플러를 잃어버려서 분실물 센터에 문의했으나 찾지 못했다. 그때 직원에게서 들은 말은 일반적으로 손수건, 머플러, 장갑, 우산 등은 습득물 신고가 되지 않는 경우가 많다고 한다.

또 한 번의 분실 대실수가 안경을 새로 맞춘 당일 일어났다. 사십여 년 전 젊은 시절 사건이다. 그날 저녁 오랜만에 아끼는 후배를 만나 식사를 겸해 소주잔을 열심히 주고받고 했다. 키도 크고 덩치가 큰 후배는 소주잔을 들이켜는 속도가 워낙 빨라서 내 앞에는 어느 틈에 소주잔 두 잔이 놓이곤 했다. 그 잔이 부담되어 나도 급히 마시고 잔을 건네면서 빠르게 취해 갔다. 소주는 마시는 양보다 마시는 속도가 취함에 치명적인데 말이다. 내가 자리에서 일어설 때 몸이 흔들리는 듯 느껴져 집으로 갈 때는 택시를 탔다. 아파트 4층 우리 집 현관에 들어서자 아내는 내게 "안경은?" 하고 물었다. 만취하여 택시에서 졸다가 그날 맞춘 안경을 놓고 내린 것이었다. 평소 같으면 눈이 나쁜 내가 안경 없이 걷는 건 불편하다. 눈을 잃어버리고도 집은 찾아 왔으니 두고두고 망신이었다.

수년 전 스페인 남부 안달루시아 지방을 여행할 때 분실의 아쉬움이 있었다. 코르도바에서 새벽에 숙소를 나설 때 지팡이 두 개를 잊고 나왔다. 여행사 관광버스가 출발한 후에야 기억이 났다. 서울에서 준비해 간 부부용 지팡이 두 개였는데, 다이소에서 산 저렴한 지팡이였다. 출발 전날 밤 반드시 챙긴다고 현관 옆에 두었는데 어두침침한 새벽에 나오며 못 본 것이다.

　아쉬움에 몬세라트(Montserrat) 지역에서 언덕길 입구에 있는 기념품 가게에 들러 지팡이를 사려 했다. 몬세라트는 카탈루냐 지방 바르셀로나 근처에 있는 산이다. 산 이름은 '톱니 모양의 산'이라는 뜻이다. 세계 최대의 4대 성지로서 산타 마리아 몬세라트 수도원이 있다.

　기념품 가게에서 판매용 지팡이는 없고, 대신 관광객이 오래전 놓고 간 지팡이가 하나 있다 했다. 내가 빌리는 값을 낼 테니 빌려줄 수 있느냐 했더니, 여성 점원은 잠시 생각하다 내게 그 지팡이를 사겠느냐고 했다. 아마도 십 유로에 산 것 같다. 이탈리아에서 만든 진한 초록색 삼단 지팡이로서 이름은 케추아(Quechua, 원래 잉카 문명권의 공용어 또는 족속)이며 등산용이라 쓰여 있었다. 가져간 지팡이를 잃은 대신에 마음에 드는 지팡이를 얻은 경우이다. 친구들과의 산책길에 이 지팡이를 들고 나가면 모두 부러워한다. 지금은 산책길에 나의 애장품이 되었다.

나는 그동안 살아오면서 중요한 물품을 잃어 본 경험이 별로 없다. 초등학생 시절부터 문구 등 개인용품을 잃어버린 적이 거의 없었다. 해외여행 중 여권이나 외화, 현금이나 가방 등을 잃어 본 적은 없고, 다행히 괴한이나 도둑을 만난 적도 없다. 언젠가 일본 도쿄대학 방문 출장에서, 나리타공항을 출발하여 우에노에 도착하는 고속열차 선반에 작은 가방을 놓고 내린 적이 있었지만, 곧바로 습득물 신고센터에 가서 찾을 수 있었다. 수십 년간 유럽이나 북남미, 아시아 등 수많은 나라를 방문해 보았는데 분실물을 안전하게 찾을 수 있는 나라는 한국이 대표적이어서, 이런 면에서 우리나라가 자랑스럽다고 생각해 왔다.

검은색 펄튼 장우산을 잃었다는 소식을 들은 지인이 얼마 전에 이번에는 투명 장우산을 보내왔다. 고맙고 미안하기도 하다. 수십 년 전 안경을 한 번 잃은 후로는 매사 눈부터 먼저 챙겨 안경을 더 잃어버린 적은 없다. 이탈리아산 지팡이는 건강 걷기 산책에 반드시 가지고 다닌다. 친구들은 여전히 내 지팡이를 탐내고 있다.

아끼던 물건을 잃어버리면 안타깝고 아쉽지만, 다시 살 수도 있고 얻을 수도 있다. 나이가 더 들어 가며 언젠가는 나를 잃게 되지 않을까 하는 노파심이 든다. 그때는 다시 살 수도 없고 구할 수도 없지 않은가.

선각자 송강 이준열

*《국립서울대학교 개학 반세기사》 집필에 참여한 적이 있다.

반세기사는 1895년 법관양성소(법대 전신) 설립부터 해방 직후인 1946년까지의 역사를 의미한다. 이준 열사 동상이 법대 입구에 서 있는데, 그는 이 법관양성소의 제1회 졸업생이다.

내 분담은 공과대학(공대)의 전신부터 해방 바로 직후까지의 역사 집필이었다. 해방 이후의 모교 역사는 정리되어 있어 알고 있는 편이었으나, 일제 강점기와 해방 직후의 역사는 잘 모르고 있었다.

공대의 전신은 1916년 4월 조선총독부가 설립한 경성공업전문학교(경성공전)이다. 이 학교는 1922년 경성고등공업학교(경성고공)로 개편되었다가 제2차 세계대전 말기인 1944년 4월 다시 옛 이름인 경성공전으로 개칭되었다. 경성공전의 설립 연도가 1916년이니 해방 직후까지는 약 30년의 역사이다. 경성공전과 경성고공의 요업, 염직과 방직, 광산, 응용화학, 토목, 건축 분야에서 1,699명이 배출되었고, 이 중 조선인은 412명으로 총인원수의 1/4에도 미치지 못

---

* 《국립서울대학교 개학 반세기사(1895~1946)》, 서울대학교·서울대학교동창회 발행, 서울대학교출판문화원 인쇄, 본문 1,040쪽(부록 413쪽 별도), 2016.

했다. 경성공전과 경성고공은 일제의 식민 통치의 일환으로 설립되어 일본인 자제들을 위한 공학 교육기관이었고 조선인에 대한 문호는 극히 제한되었다. 여기에서 배출된 조선인 인재들은 질적으로 매우 우수하여 8.15 광복 후 우리나라의 공학 교육과 공업화 과정에서 중요한 역할을 담당하였다.

나는 조선인 졸업생들 중 특히 독립운동에 참여하였거나 사회에서 중요한 역할을 하여 기사화된 인재 확인에 관심을 두며 집필하였다. 해방 직후 모교 공대로 통합된 경성공전, 경성고공, 경성광업전문학교(경성광전), 경성제국대학 이공학부, 경성대학 이공학부의 조선인 졸업생 중 85명의 인재를 찾아내어 소개하였다. 예를 들어 이상(1910~1937)은 일제 강점기의 시인, 작가, 소설가, 수필가, 건축가로서 한국의 대표적인 근대 작가이며 본명은 김해경(金海卿)이다. 경성고공 건축학과를 수석으로 졸업했다(1929).

대표적인 독립운동 지사 세 분도 발견할 수 있었다. 박찬익(1884~1949), 이준열(松崗, 1896~1987), 곽상훈(1896~1979)이다. 이중에 선각자 송강 이준열은 나와 인연이 있는 교수의 부친이어서 더욱 놀라웠다. 그는 나와 학과는 다르나 십 년 선배로서 이십여 년을 함께 근무한 동료 교수였다. 그는 공대 학장을 거쳐 총장까지 역임한 대단한 분이었다. 나는 재직 중 그의 부친이 일제 강점기에 8년 이상이나 수감되었던 애국지사였음을 전혀 몰랐다. 그도 개인적으로나 공적인 자리에서 부친에 대해 언급을 한 적이 없었다. 공대의 반세기사를 집필하며 알게 된 셈이다. 이준열 지사의 활동을 기록하며 혹시라도 기재에 실수할 수 있어 그의 확인을 직접 받기도 했다.

이준열은 1896년 충남 아산에서 출생하였다. 그는 1908년(12세)에 상경하여 경성고등보통학교를 졸업했다. 경성공전 응용화학과에 1916년(20세) 입학하여 1919년 졸업했다. 그는 교내 항일 투쟁 비밀결사인 공우회(工友會)의 회장이었고, 동맹휴학 위원장으로 1919년 3.1 학생 운동을 주도했다. 무산자를 위한 사립 중학교인 고학당을 1923년 5월 설립하여 초대 교장을 지냈다. 고학당은 빈곤한 청년 고학생들을 위한 교육 운동을 통해 항일 학생 투사들을 키워 내는 데에 목적을 두었으나 일제의 검거로 1931년 7월 해산되었다. 그는 1929년 조선공산당 재조직 사건으로 체포되어 8년간 서대문교도소와 대전교도소에 수감되어 만기 출소(1937년, 42세) 했다. 그 후 대동광업㈜ 전무직을 맡고 대동광업전문대를 설립 운영하였다. 해방 후에는 조선공업기술연맹 초대 이사장, 건국공업박람회 개최, 조선광업회 초대 이사장, 조선발명장려회 초대 위원장 등을 지냈다.

그가 옥고를 치르는 동안 그의 가족들은 큰 고통을 겪었다. 식구들은 뿔뿔이 헤어져야 했고, 어머니는 고무공장에서 밤늦도록 일하며 겨우 생활을 꾸려 갈 수 있었다고 전한다. 그러나 정작 이준열은 "당연히 할 일을 했을 뿐."이라며 국가로부터 포상받는 일조차 거부했다. 그는 자녀에게 '인간은 뭇 동물과 달라서 의롭고 역사에 남을 만한 보람 있는 일을 해야 한다', '남보다 멀리 보고 솔선하며, 더불어 함께하는 세상에서 덕을 베풀 줄 알아야 하고, 난세에는 중앙에 처신하라'고 가르쳤다.

광복 후 정부 수립과 초대 내각 구성 당시 이시영 부통령의 추천으로 상공장관에 지명되었으나 그는 극구 사양하였다. 주위에서 '남에게 양보하는 일이 많고 숨어서 하신 일이 많은 분이니 역사의 한 페이지를 남기지 않음은 민족의 수치입니다'라는 설득에 자서전을 집필하도록 허락하였다 한다.

그간 내가 몰랐던 선각자 이준열에 대한 삶을 안 후에 존경심이 일고 본받고 싶은 마음이 간절했다. 특히 이러한 부친을 두신 동료 교수의 함구와 겸손은 더욱 본받고 싶다. 내 집안이 독립운동을 한 애국자 집안으로서 명문가라는 점을 내세우며, 정작 본인은 아무것도 공헌한 것은 없으면서 주위에 자랑하고 기사화하며 사회적 출세나 경제적 이득을 보려 하는 인사들이 적지 않은 시대이기 때문이다.

군사독재 정권하에서 사형을 구형받고 무기수로 감옥 독방에 갇혀 7년 6개월 만에 석방된 후 민주화 운동 유공자로 복권되었으나 국가보상금을 거부한 시인을 알고 있고, 존경받는 민주 투사임에도 국가보상금을 거부한 정치인도 알고 있다.

  나는 이들에게 존경심과 부러움을 보낸다. 과연 나도 이러한 시대에 태어났다면 그들과 같이 독립운동과 민족 교육과 자주화 운동에 헌신할 수 있었을까. 그러한 경력이 있었다면 개인의 출세 목적에 이용하지 않고, 당연히 해야 할 일을 했다는 숭고하고 겸손한 모습으로 처신할 수 있었을까.

잊지 못하는 영롱한 눈망울

　십오 년 전 가을 오후이었다. 나는 아내의 전화를 받고 연구실을 허둥지둥 뛰쳐나갔다. 똘이가 죽었다는 연락이었다.
　지금도 똘이와의 첫 만남을 잊지 못한다. 똘이는 우리 집에 생후 일 개월 만에 왔다. 지인이 선물한 쉬츠와 마르티스 잡종의 흰색 강아지였다. 아주 똘똘하게 생겨 '똘이'라고 이름 지었다. 어려서부터 영리하여 우리 가족을 잘 따랐으며 우리 집에서 누가 어른인지를 아는 영특한 강아지였다.

　주말 오전이면 데리고 나가 산책을 하였는데 이 작은 체구의 강아지가 앞서겠다고 씩씩거리며 나를 끌고 가곤 하였다. 신기한 점은 내가 주말에 밖으로 나가지 않고 누워 있으면 내 머리를 앞발로 툭툭 치며 나가자고 했다. 평일에는 가만히 있다가 주말을 어떻게 알고 그러는지 신기했다. 주중에 출근하기 위해 현관문을 나서면 짖지 않고 가만히 있다가도, 주말에 잠깐 외출하려고 옷을 입고 있으면 자기도 데려가라고 짖어 대며 따라오는 것이 기특하였다.
　나는 자녀가 1남 2녀이다. 아들이 군대에 가고 딸 둘이 유학이나 어학연수 등으로 해외에 나가 있어서 거의 일 년간 집안 식구가 부부만 있는 썰렁한 적이 있었다. 이때 우리는 똘이를 둘째 아들이라고 불렀으며 부부만 있던 조용한 집안에 큰 위로가 되었다.

   똘이는 우리 가족과 1995년 2월부터 2009년 10월까지 15년여를 함께 살다가 심장판막증이라는 병으로 아프다 고통스럽게 죽었다.
   2009년도 어느 봄날 똘이를 데리고 아파트 주위를 산책하는 중이었다. 똘이가 평지에서는 앞장서서 잘 걷더니, 아파트 정문 지나 오르막길에서 걸음을 멈추고 안아 달라 했다. 나보다 항상 앞서가던 녀석이 이제 15살이 되었으니 늙고 약해져 경사진 길을 오르기가 힘든가 보다 하고 가볍게 생각하였으나 이런 현상이 반복되었다. 여름 더위를 대비하여 똘이의 털을 깎아 주고 나자 배 부분이 불룩하였고, 집 안에서도 걸어가다 뒤뚱거리고 몸을 못 가누었다. 예방주사를 맞던 동네 동물병원에서 진찰받았는데 큰 종합병원에 가 보라 하여 모교 대학동물병원에 데리고 갔다.

   주치의인 수의과대학 교수는 진찰 결과 똘이가 심장판막증으로 매우 위험한 상태여서 당장 입원하여야 하며 입원 중에라도 잘못될 수 있다는 소견을 들려주었다. 똘이는 3박 4일간 입원하여 치료받으며 배에 찬 물을 빼내었으며, 집에서의 치료 방법을 듣고 치료 약을 받은 후 퇴원하였다. 그 이후 매달 한 번씩 치료를 받으며 약을 받아 오는 생활이 6개월간 지속되었다. 문제는 똘이가 약을 먹지 않으려 하는 것이었다. 다른 음식과 섞어 주기도 하고 물에 타서 억지로 먹이기도 하였으나 이때는 안 먹으려 하고 사나워져 물기도 하는 등 약을 먹이는 어려움이 컸다.

  병원에서 퇴원할 때 주치의 교수는 똘이가 나이도 많고 심장병으로 수개월 내로 죽을 것이므로 가족들과 마음의 준비를 하라 하였다. 주변에서는 안락사 방법도 있음을 알려 주었으나 딸의 반대로 안락사는 포기하고 살아 있는 마지막까지 치료를 계속해 가기로 하였다.

  똘이는 병중에는 하루 종일 거실에 옆으로 누워 있었다. 초기에는 내가 퇴근하여 현관문에 들어서며 '똘이야, 나오지 않아도 돼' 하는데도 아픈 몸을 질질 끌고 뒤뚱거리며 현관까지 나와 나를 맞이하곤 하였다. 병이 더 심하여져서 움직이지 못하게 되자 내가 퇴근하여 들어오면 머리를 돌려 나를 쳐다보며 아는 체를 하곤 하였다. 나는 개의 충성스러움을 새삼 느끼며 우리도 아니 자식들도 이렇게 할 수 있을까 생각하곤 하였다. 똘이는 아프면서도 앓는 소리를 내 본 적이 없었다.

  2009년 10월 20일 오후 1시경 아내가 외출 후 집으로 돌아오자 똘이는 거실에 누워 있었고 설사 해서 거실 바닥이 더러워져 있었다. 그 순간도 아내에게 반갑다고 누워서 꼬리를 쳤고 고개를 들어

집사람을 보며 반겼다고 한다. 아내는 똘이의 더러워진 몸을 씻어 주기 위해 샤워실로 옮겼는데, 몸을 씻기도 전에 눈을 뜨고 숨을 거두었다고 근무 중인 나에게 알려 주었다.

나는 애완용 동물을 화장하는 장소가 있는 김포 서쪽 애완동물 화장장(마치 유치원 건물처럼 생긴 집)에서 기독교식으로 찬송가를 녹음으로 들려주며 용광로로 들어가는 똘이의 시신을 유리창 너머로 보았다. 화장 후 뼛가루를 담은 작은 유골 항아리는 우리 집 거실에 똘이 사진과 함께 배치하였다. 똘이는 이 거실에서 삼 년 반을 더 머물다가 강원도 문막에 위치한 부모님 묘소 옆자리에 납골 항아리째 깊이 묻히며 우리 가족 곁을 떠났다.

나는 지금도 둘째 아들 똘이의 크고 영리한 눈망울이 보고 싶다. 그는 우리 가족에게 즐거움과 기쁨의 활력소였다. 생긴 모습도 귀엽고 똘똘했다. 마지막 육 개월 기간은 몸을 가눌 수 없을 정도로 아프면서도 우리 가족에게 한결같이 보여 준 충성심을 생각할 때마다 똘이가 그립다. 똘이가 죽은 후 우리 가족은 지금까지도 강아지를 키우지 못하고 있다.

포도주에 대한 여러 기억

 포도주가 인기 있는 술이 된 지는 그리 오래지 않다.
 내가 대학생 시절이던 1970년 전후에는 주로 소주, 막걸리, 맥주가 애호 술이었다. 그 이후 사회인이 되어서도 으레 회식 자리에서는 소주 아니면 맥주가 대세였고, 운이 좋으면 양주를 매우 드물게 마시곤 했다. 언젠가부터 포도주가 광범위하게 광고에 오르고 판매 실적이 높아지며 부담 없는 선물용으로 애주가들이 즐기는 술이 되었다.

 계용묵 작가는 수필 〈포도주〉에서 죽마고우의 어머님(자친(慈親))생신에 저녁 식사 초대를 받아 함께 초대받은 동향 친구와 함께 축하 선물을 준비한다. 그 어머님도 작가를 매우 아끼는 분이어서 적절한 선물을 찾다가 술이면서도 알코올 성분이 적은 포도주가 축배를 드리기에도 적절하다고 생각하여 포도주를 준비해 간다.
 작가는 술이 약하면서도 즐거운 자리인지라 사양 없이 잔을 받아 마셨다가 먼저 취하였다. 선물로 가져간 포도주로 축배 드리는 것도 잊고 돌아와서 무례를 범했다고 후회하며 몇 달을 두고 잊지 못하고 섭섭해한다. 어느 날 그 자리에 참석했던 다른 한 친구로부터 작가가 돌아간 후에 술이 덜 취한 사람들이 별미로 남기고 간 그 포도주로 한 잔씩 더 하자고 한 잔 가득 따라서 마셨다가 그 맛이 포도주가 아니라 신 식초였음을 듣게 되었다. 포도주를 살 때 점원이 식초를 잘못 포장해 준 것이었다. 포도주가 아닌 식초로 작가가 축배를 선창해 드렸다면 얼마나 무례였을까, 세상사란 묘하기도 하다는 한탄을 그리고 있다.

수필 〈포도주〉는 게재 연도가 1939년이다. 이 시기에 이미 포도주가 선물이 되었나 하는 의문이 든다. 나는 포도주 상품이 있음은 알고 있었으나 포도주를 선물로 주고받거나 또는 포도주를 즐겨 마신 적이 없어 생소하게 여겨진다.

포도주가 부담스럽지 않고 일상의 선물임을 알게 된 것은 1980년대 초 영국 런던에서 생활할 때였다. 나 홀로 지낼 때여서 주말에는 동료 유학생 가족이나 지인들이 식사를 초대해 줄 때가 있었다. 이때 가장 부담 없고 좋은 선물이 용량이 큰 포도주 한 병을 들고 가는 거였다. 런던에서 일반 포도주는 그리 비싸지 않은 선물이었다.

포도주의 종류가 워낙 다양하지만 포도주는 알코올 함량이 적어도 13% 이상이면 무조건 좋은 것임을 알게 되었다. 최근에는 운이 좋게도 알코올 함량이 14%가 넘는 포도주를 시식한 적이 있다. 알코올 도수가 높음에도 선입견인지 그 부드러움이 다름을 나 같은 초년병도 느낄 수 있었다.

포도주와 더욱 가까워진 경우는 2000년대에 공동 연구차 헝가리를 수차 방문했을 때였다. 세미나차 들른 한 지방 대학의 이름이 지금은 기억나지 않으나 포도주학과가 있었다. 동행한 M 박사 설명으로는 이 학과에 학생이 입학하면 우선 포도나무 재배부터 시작하여 포도주의 제작과 판매까지 전 과정을 이수하고 졸업한다고 해서 매우 흥미로웠다. 대학 매점에서는 이렇게 제작된 여러 종류의 포도주를 저렴하게 판매하고 있어 나도 두어 병을 산 기억이 난다. 헝가리의 대표적 와인으로 이름이 일본말 같은 토카이(Tokaji) 와인이 있음을 처음 알았다. 한국에서는 포도주가 인기인데 헝가리 와인은 별로 보이지 않는다고 물었더니, 프랑스, 스페인, 이탈리아, 남미 국가 등과의 마케팅에서 밀리기 때문이라 했다.

 계용묵 작가의 글처럼 축하 선물로 사려던 포도주를 엉뚱하게 점원의 실수로 말미암아 식초로 가져간 경우는 매우 드물다고 본다. 세상사에는 이렇게 본인이 의도하지 않은 엉뚱한 결과가 따라오는 경우들이 있다. 이런 경우 어떻게 사과하며 보완할 수 있을까. 친한 친구와 어머님께 술에 취해 포도주로 축배를 드리지 못하고 만취해 먼저 돌아가서 미안한데, 선물로 준비해 간 포도주가 식초였다는 걸 수개월 후 알게 되었을 때의 그 송구함과 난감함은 이루 말할 수 없을 것이다. 세상일이란 뜻하지 않게 기묘하게 전혀 의도치 않은 결과로 나타남을 한탄하는 작가를 나는 충분히 이해한다.

그동안 살아오며 이와 유사한 전혀 의도치 않은 결과가 벌어지는 사건이 내게도 몇 번이나 있었을까 잠시 회상에 잠겨 본다.

산호섬 미야코지마

　미야코지마(宮古島, Miyako island)는 미야코섬(島)이라는 뜻이다. 일본 오키나와현에 속한다. 오키나와에서 남서쪽 300㎞에 있고, 미야코섬 서쪽 320㎞에 대만이 있다. 인천공항에서 남쪽으로 두 시간 반 비행 거리이며, 우리와 시간 차이는 없다. 면적은 204㎢로서 서울시 전체 면적의 1/3 정도이며, 인구는 5만 3천 명 정도이다. 북위 25도 위치여서 연중 온화하다. 금년 5월 국내 항공이 처음 취항하여 잘 알려진 관광지는 아니다. 여행에 해박한 지인 소개로 지난 6월 중순 방문했다.

　미야코섬은 주위로 작은 3개 섬(이라부, 이케마, 쿠리마)과 바다를 가로지르는 긴 다리로 연결되는데, 그 모습이 장관이다. 북서쪽에 이라부섬과 이라부 대교(길이 3,540m, 2015년 개통)로 연결된다. 길이가 3.5㎞에 달하는 이 다리는 아치형을 보이며, 이 섬에 인천공항과 연결되는 시모지시마(下地島) 공항이 있다. 북쪽 끝에 있는 이케마섬과 이케마 대교(1,425m, 1992년 준공)로 연결되며, 남서쪽에서 쿠리마섬과 쿠리마 대교(1,690m, 1995년 개통)로 연결된다.
　아직 대중교통은 없어 걷거나 승용차로 이동해야 한다. 공항에서 승용차를 렌트할 수 있다. 주요 산업은 농업(사탕수수, 담배, 망고 등)과 관광업 및 주조업, 화학공업이다.

공항에서 숙소까지 50여 분 가는 동안 섬에서 흔히 보이는 언덕이나 산악이 없는 평평한 지형이고 도로 주변으로 농작물 경작지만 보여서 특이하다 했다. 숙소 해안가에서 보이는 암석 노두(露頭)와 하얀 자갈 조각들을 보고서야 이 섬이 산호섬(珊瑚島, coral island)임을 알게 되었다. 산호섬은 산호초가 해수면 위에 드러나서 이루어진 섬이다. 바다 생물인 산호초에 의해 만들어진 산호섬은 융기와 퇴적작용으로 형성된다.

내가 3박 4일간 묵은 숙소는 미야코섬의 최남단 해안에 있는 시기라(Shigira) 리조트의 Allamanda Imgya Coral Village로서 각각 독립된 단층 가옥으로 이루어져 있다. 시기라 리조트는 세븐 마일즈(Seven miles)라고 해서 해변을 따라 휴양 시설이 약 11㎞에 걸쳐 조성되어 있다.

늦은 오후 숙소 옆 해변 숲길을 산책했다. 숲길 오솔길은 울창하고 분위기가 좋았으나 문제는 커다란 거미와 거미줄이었다. 첫날 밤은 구름이 끼어 달도 부옇고 주변은 칠흑 같은 어둠이어서 기대한 별 보기는 어려웠다.

첫 해수욕은 숙소 주변의 작은 규모의 비치인 시기라 비치에서 했다. 맑고 푸른 수면으로 파도도 별로 없다. 아이를 데리고 있는 젊은 관광객을 셀 수 있을 정도로 한산하다. 관광 시즌 대낮임에도 붐비지 않음은 아직 이 섬이 널리 알려지지 않은 탓이리라. 숙소 주변 고급 리조트 연못에서 대형 거북이를 양식하고 있다. 모이 주는 오전 일정 시간에 연못가로 갑자기 나타나는 거북이 떼를 볼 수 있다.

전망이 좋은 쿠리마(Kurima) 리조트의 Seawood 호텔 부속 일본식 식당(K Kissho Kurimajima)에서 점심을 했다. 이 리조트는 쿠리마섬의 북쪽 해안가에 위치하며 해안을 끼고 계단식으로 지어진 단독 주택들을 숙소로 제공하고 있다. 도로를 단장하는 진한 청색이 바다와 잘 어울려 보였다. 쿠리마 대교가 잘 보이는 모래사장 비치에서 한낮의 해수욕을 즐겼다. 에메랄드 색의 바다와 한가한 모래사장이 인상적이었다.

미야코섬의 북쪽 끝에 있는 설염(雪塩) 가게를 방문했다. 작은 매장과 교실에서 관광객을 위한 강의와 실습으로 이 소금 제품의 특성과 건강상의 장점을 홍보하고 있었다. 이케마 대교를 지나 이케마섬 마을을 지났다. 전형적인 어촌 마을로서 해안가에서 모래사장과 특히 산호 노두를 잘 볼 수 있었다.

미야코섬 북단 서해안에 해중(海中)공원이 있다. 지상에서 해저 터널 공간으로 내려가면 29.6m × 5m 공간, 즉 150㎡ 공간에 대형 창문이 20개 있다. 이 창문으로 해저의 다양한 색상의 열대어들을 관찰하는 자연 해양 수족관이다. 지상에는 산책하는 공원과 카페, 식당이 있고 해발 91m의 전망대와 주변에는 비치도 있다. 해중공원 주변 비치 입구의 안내판에는 우리 한글로 '조심하자', '해변 이용에 관한 주의 사항'이 보인다. 작은 모래사장 해변이나 여전히 한가했다.

이라부섬 시모지시마 공항 부근에는 도리이케가 있다. 이케는 지(池), 연못이라는 의미이다. 두 개의 맞닿은 연못이 천연 다리로 연결되어 있다. 동북쪽 연못은 직경 약 55m, 수심 약 25m이고, 남서쪽 연못은 직경 약 75m, 수심 약 25m이다. 폭 10m 크기의 석회암 동굴로 바다와 통하고 있으며, 조수 간만의 차이에 따라 수심이 변한다.

공항 옆으로는 빼어난 산호 해변과 산책길이 있다. 공항으로 들어오는 항공기가 멀리 점으로 보일 때부터 사진 촬영을 시작하였는데 순식간에 착륙하고 있었다.

금년 6월 중순 3박 4일간의 짧은 미야코섬 방문이었다. 조용한 산호 비치와 멋지고 가지런한 해안가의 숙소, 미야코섬과 3개의 작은 섬으로 바다를 가로지르며 연결되는 긴 다리, 소금 상품점, 해중 공원, 대형 거북이 양식, 공항 근처의 멋진 산호 해안과 산책길, 신비한 바다 연못 모습이 여전히 생생하다. 다음에는 뜨거운 여름이 아닌 다른 계절에 이 한가한 섬을 다시 한번 방문하고 싶다.

최계순

· 나, 크고 있어요
· I am growing
· 내 안의 평화
· 공덕을 쌓는 것
· 한국자생식물원에 가다
· 금성다방

작가노트

아름다운 가을, 오래된 친구들과 함께 호수가 아름다운 미술관에 갔다. 유명 화가의 그림과 함께 글로도 표현된 글과 그림과의 조화로운 전시회다. 그곳에서 친구처럼 대하게 된 글이 있다.
"아, 좋은 그림 그릴 자신이 있고, 하고 있는 것 같은데 세상은 왜 이리 적막할까."
화가의 그림 옆에 함께 있는 일기다. 이 유명 화가의 진솔한 표현이 반갑다. 이심전심이 되어 인생의 변화와 불확실성을 받아들이자고 나 자신을 다독이게 됐다.
인생의 흐름에 적응하고 유머와 기지로 대처하며 내 삶을 존중하기로 한다.
지금 내 앞에 있는 가을을 소중히 여기며.

《한국산문》 등단(2015)
산들문학회회원, 서초문협, 한국산문 회원
산문집 《돌담 너머의 아버지를 만나다》,
《함께 가는 낯선 길》, 《종과 종소리》, 《모노톤으로 그리는 풍경》 공저

dome101@hanmail.net

나, 크고 있어요

사람은 무엇으로 사는가.

나와 나의 딸과 손녀는 혈육으로 맺어진 인연이다.

그중 세 살배기 손녀인 연아는 아일랜드인과 우리 한국인의 피를 모두 가지고 있다. 태어나 지금까지 일주일에 두 번 할아버지가 손수 운전하는 차에 타고 우리 집을 방문한다. 연아가 우리와 함께 있을 때는 다른 약속을 하지 않으려고 노력한다.

요즘 연아와 나는 또 예외 없이 집 근처로 산책을 간다. 그것은 우리의 일상이 되었다. 가까운 카페로 향하는 분주한 큰길을 걷다가 손녀의 고사리 같은 손을 잡는다. 바쁘게 오고 가는 차로부터 연아를 보호하기 위해서다.

카페에 도착해 연아는 익숙하게 창가의 높은 의자에 앉는다. 자리를 잡은 후 그곳의 펜을 들고 노랑, 빨강, 파랑 색상들을 선택하며 전자칠판에 그림을 그린다. 그사이 준비된 차가 나오면 연아는 친해진 고양이 인형을 가져와 찻잔 옆에 놓고 "야옹이야, 잘 지냈어? 연아도 잘 지냈어."라고 이야기하며 차를 마신다. 고양이 인형도 우리를 보고 웃는 듯하다. 옆에서 그 모습을 지켜보며 차를 만들어 주던 그곳 언니, 오빠도 웃으며 다정한 대화를 한다. 그리고 어른처럼 극진하게 작별 인사도 하고 밖으로 나온다.

  길을 건너 오빠들이 다니는 서울고로 간다. 방과 후에 문이 열려 있기 때문에 큰 학교 운동장을 뛰어다니며 즐거운 시간을 보낼 수 있다. 연아는 들어가자마자 넓게 트인 운동장 트랙을 힘껏 달리며 즐긴다. 그리고 어른들의 운동기구가 있는 곳에 올라 어른처럼 기구 하나하나를 다 경험해 본다. 철봉에도 매달려 팔을 쭉 펴고 손바닥을 빙빙 돌리며 진지하다. 그 모습이 마치 살아 있는 인형 같다. 다시 트랙으로 내려와 달린다. 체력이 좋아져서 힘껏 달리다가 뒤처져서 저만치 오는 나, 할머니를 되돌아보며 멈춰서서 기다려 준다. 연아는 더 강해졌고 나는 따라잡을 수가 없다. 할머니와 가까워지면 손과 손을 부딪치며 하이 파이브를 하고 다시 모래가 있는 넓은 운동장을 뛴다.

  운동장에는 연아보다 나이 많은 다른 아이들도 짝을 이뤄 방망이를 휘두르며 야구 놀이를 하고 있다. 나는 날아다니는 야구공을 보며 연아가 그 공에 맞을까 봐 걱정이 되어 소리 높여 아이를 부른다. "연아야, 날아오는 공에 연아 맞으면 큰일 나. 그러니 공을 피해 공 반대편 할머니 옆으로 딱 붙어 걸어야 해." 하며 이끌었다. 그러자 연아는 손사래를 친다.

  "아니에요. 할머니, 할머니가 공에 맞으면 아파서 안 돼요. 할머니가 공 반대편 연아 옆에 서 있어야 해요. 내가 막아 줄 거예요."라고 하며 그대로 공 쪽에서 나의 보호자 역할을 자처하며 단호하게 꿋꿋이 걷는다.

  그 말을 듣고 연아의 행동을 보는 순간 표현이 불가한 무한의 불꽃 같은 웃음을 터트리지 않을 수 없다. 지금 내가 느끼고 있는 감정을 말로는 설명할 수가 없으나 나의 손녀라는 것이 축복이라고 느낀다. 물론 이 작은 아이가 나의 경호원이 될 수 없다는 것을 알지만 아이의 마음 안에서는 보호가 가능하다는 것, 그 감동이 나의 영혼에 큰 기쁨을 주었다.

  흥분된 감정을 다독이며 "우리 연아, 할머니도 위할 줄 알고 다 컸네. 어른 다 되었어!" 하고 연아를 안으며 호탕한 웃음으로 보답했다. 그때 그 작은 입으로 "할머니, 연아 지금 크고 있어요. 아직 어른 아니에요."라고 말하고 있다. 너무나 정확한 말을 하고 있음에 놀라 할 말을 잊었다. 이 작은 아이의 큰 사랑 때문에 아직 나의 마음도 크고 있음을 알았다. 그렇다. 아기도 크고 나의 마음도 크고 있다.

  연아, 어제는 운동장 계단을 내 손을 잡고 올랐는데 오늘은 보폭을 넓혀 높은 계단을 혼자서도 거뜬히 오르고 내린다. 혼자서 더 넓은 발걸음을 내딛고 있다. 그 모습 또한 나의 마음을 키운다.

  순수하고 활발한 영혼을 소유한 연아가 꿋꿋하게 자라, 평화를 잃지 않는 한 여성으로 성장하기를 바란다. 그리고 이 아이와 같은 미래 세대들이, 함께 노력하는 도덕적인 사회에서 서로 사랑하며 행복하게 살아가기를 염원한다.

I am growing

I wonder about what drives people to go on living.

My daughter, my granddaughter and I are related biologically.

Clodagh, my three-year-old granddaughter, has both Korean and Irish blood. Since her birth, she has been visiting our home twice a week. My husband brings her over in his car. We try not to make other appointments when she is with us.

These days, Clodagh and I go for a walk near our house without exception. It has become our daily routine. I leave the house and go to a cafe.

I hold my bracken-like granddaughter's hand on the way to the cafe along the busy main road.

After arriving at the cafe, she sits on a high chair by the window.

As always, Clodagh holds a pen on the electronic board there and draws a picture by selecting yellow, red, and blue colors. In the meantime, when the prepared tea comes out, Clodagh brings the cat doll she got close to and places it next to the tea cup

"Meow, how have you been? Clodagh has been well too," she says, while drinking tea. The cat doll also seems to be smiling at us. sister and brother, who were watching her and making tea for her, also smile and have a friendly conversation. She also says goodbye like an adult, and comes out.

We cross the street to go to Seoul High School where our brothers attend. The gates are open after school, so Clodagh can have an enjoyable time running around the big school grounds. Clodagh tries all the exercise equipment there like an adult. She looks just like a doll when she hangs on to a pull-up bar and turns her arms seriously.

She lets go and starts to race on the track. She has

grown stronger, and I cannot catch up. She turns around and stops for me. She raises her hand for a high-five as I come close, and starts to run on the sandy ground, making a cloud of dust.

There are older children on the ground, playing baseball. I get worried that Clodagh might get hit by a baseball, so I call out her name.

"Clodagh! Let's be careful. Try to stand on the other side of me, so the ball can't hit you."
But she shakes her hand in disagreement.

"No, Grandma. I don't want you to get hurt. You have to stand on the other side of me. I'll protect you."

She gets stubborn and walks firmly, claiming her role as my protector. I cannot help but burst out laughing at the scene. Words can't explain the emotion that I am feeling right now, hearing the words that she uses and watching her act. I feel blessed that she is my granddaughter. I know she cannot be my bodyguard, but she is truly a comfort to my mind. I am overcome with emotion and my soul is filled with pleasure.

I try to calm my emotions and talk to her.
"My dear Clodagh, you are trying to be so helpful. You look like an adult. You are grown up, now!"

I laugh and give her a big hug.

"Grandma, Clodagh is growing up now. I'm not a grown-up yet," she replied with a small mouth. I was surprised to see that she was saying such precise things that I forgot what to say. I knew that my heart was still growing because of this little she's great love. Yes, the baby is big and my heart is growing, too. I am taking wider steps by myself. That image also fosters my heart.

In fact, she's growing body and mind, and I'm growing inside. Not long ago, I had to hold her hand to help her climb the stairs. But now, she's taking the wider steps on her own. She has become the joy of my life. These seem to be the driving force for me to live.

I wish my pure soul Clodagh grows up to become a kind-hearted woman, and spreads peace. I pray that her generation matures together in a highly moral society with love for each other.

내 안의 평화

조용한 음악이 흐르는 거실에서 잠시라도 나만의 고즈넉함을 즐길 수 있다면 얼마나 좋을까, 고대하며 생활했던 시절이 있었다. 아이들이 한창 성장 과정에 있고 작은 사업체를 운영하며 분주하던 때다. 이제 그 아이들은 성인이 되어 결혼했고 아이를 낳아 가족을 구성해 잘 살고 있다. 매진하던 사업은 코로나로 사회가 불안해지고 또 쉬고 싶기도 해 그만 접었다.

나의 퇴직이다.

처음 한동안은 구속 없이 자유롭게 쉴 수 있음이 참 좋았다. 다섯이 살던 집에 부부만 남으니 넘치게 넓고 편안한 일상이었다. 남편은 출근하고 나만 혼자 집에 남았으니 휴식의 달콤함을 즐기면 되는 것이었다. 늘 희망했던 휴식이 선물처럼 와 편안함만 가득한데 묘한 상황이 벌어지고 있었다. 온 집 안은 정적으로 채워져 예상했던 즐거움은 고립으로 변해 갔다. 고요 속에 잠긴 쓸쓸한 강산, 적막강산이었다. 적막이란 가슴에 새소리가 쌓이는 것이라는 말이 있다. 이 공허함을 받아들여야 할 것 같은데 아직 자신을 겸허하게 바라보는 일이 미숙한 것 같다.

며칠을 견디다 출근하듯 현관을 나와 길을 걸었다. 한참을 걷다 보니 큰 길가에 준수한 간판의 한 카페가 눈에 띄었다.

잇츠카페.
자연스레 내 집 대문을 밀고 들어가듯 자동문 스위치를 누르고 들어갔다. 그리고 내 집 거실의 의자에 앉듯 옆으로 길게 놓인 탁자에 앉았다. 해가 비치고 오고 가는 사람들이 잘 보이는 곳이다. 주문한 차를 마시며 그 찻잔 안에서 보이는 우주를 본다. 자연스레 나의 눈은 앞에서 기다리고 있었던 듯 나를 맞이하는 청춘들의 학교 정문을 보고 있다. 가슴에 암울하게 쌓이던 새소리가 화사해져 갔다. 내 마음 안에서 일렁이던 흔들림들이 안정감으로 바뀌어 갔다. 이것이 어떤 조화일까. 이 카페는 나의 안식처가 되어 갔다.

그곳은 사업상 전자기기를 파는 대기업의 매장이 있는 건물이며 영업상 계약서가 오고 가기도 하고 차를 마시며 담소를 나누기도 하는 곳이다. 사람과 사람들이 대화하는 훈훈하고 넉넉함이 있는 곳이다. 나는 그곳이 안방인 양 편안한 곳으로 마음 안에 담겼다. 그곳에서 일하는 사람들도 반가워하며 말을 트기 시작했다.

청춘들이 공부를 하고 체력을 단련하고 친구들과 어울려 우의를 다지는 모습이 좋다. 학교 앞 큰길을 오가는 사람들을 보며 그 다양한 표정들로 인생의 모습을 짐작해 본다. 다양한 인생들. 나는 숲처럼 느껴지는 이런저런 인생들을 볼 수 있어 이곳이 좋다. 시간이 날 때마다 그곳을 향했고 단골이 되었다. 이 카페의 운영진들과도 지인이 되어 옆을 의식하지 않으며 책을 보고 글을 쓸 수 있게 됐고 마음의 평화를 얻었다. 책을 보고 무엇인가를 쓰고 있는 것을 궁금해하며 글 쓰는지 묻고 화사하게 웃기도 했다. 팀장이 받는 나의 찻값이 반으로 줄었다. 책을 보는 이쁜 아이를 대하듯 기특해하는 것 같다. 차 한 잔 시켜 놓고 장시간 앉아 있어 미안하던 터라 손사래를 치지만 VIP 고객으로 등록됐다며 걱정을 덜어 준다.

오늘도 큰 유리 창가에 앉아 학교 안 청춘들의 학습을 지켜보기도 하고 큰 도로 위를 오고 가는 각종 삶의 모습을 관람하며 내 삶을 꾸며 본다.

탐스럽게 분홍빛 꽃을 피우던 벚꽃나무들이 6월의 빗속에서 진녹색의 장원을 이루고 있다. 숲속에 온 듯 힐링의 공간이다. 내게 찾아온 이 행운을 만나기 위해 나의 잇츠카페로 왔다.

공덕을 쌓는 것

　세상에 홀로 존재하는 것은 아무것도 없고 삶이란 서로가 인과 연이 되어 서로 기대어 살게 되는 것임을 매일매일 느끼며 산다.
　옛날 어른들은 "공덕을 쌓아라, 그래야 복이 온다." 하고 늘 말씀하셨다. 공덕이 무엇일까. 공덕을 쌓기 위해서는 베풀어야 하고, 봉사와 보시를 해야 한단다. 덕을 베풀면 운명도 바뀔 수 있다고 한다. 그러면 보시란? 보시에는 법시(法施), 재시(財施), 무외시(無畏施)가 있다 하는데 재물도 없고 터득한 바도 없는 이들은 어떻게 하여 공덕을 쌓을 수 있을까.

　공덕을 쌓는 방법에는 부드럽고 편안한 눈빛으로 사람을 대하며, 자비롭고 미소 띤 얼굴로 사람을 대하는 것. 공손하고 아름다운 말로 사람들을 대하며, 예의 바르고 친절하게 사람들을 대하는 것. 착하고 어진 마음을 가지고 사람을 대하는 것 등이 있다고 한다. 비록 피치 못할 사정으로 인해 돈을 받으며 일을 해야 하는 도우미들에게도 공덕을 쌓을 수 있는 길이 열려 있는 것 같아 다행이다. 나도 그들에게 말한다. 일하며 공덕을 쌓으라고. 거룩한 사랑을 위해 값비싼 성전을 짓거나, 꼭 힘든 여정을 가야만 하는 것은 아니라고.

어느 날 내가 근무 중인 가사도우미 사무실에 한 남성으로부터 전화가 왔다. 말이 어눌한 한 남성의 전화. 한참을 인내하며 얘기를 주고받았으나 무슨 말인지 알아들을 수가 없다. 다른 남성이 전화를 바꿔 받았다. 루게릭 근육병 남성인 자기 친구가 혼자 살고 있는데 도우미가 필요하다고 했다. 가족을 물으니 부인은 이혼하여 나갔고 아들도 따로 살고 있다고 한다. 나는 이 병이 어떤 장애가 있는지 어렴풋이 알고 있다.

도우미를 보냈다.

그녀의 말에 의하면 그 남성은 숨을 쉬기 위한 근육마저 약해져서 숨을 쉬기 힘들어 잠을 못 이루고 머리가 무겁다고 호소하며 소리를 지른단다. 어눌한 말투와 삼키는 기능의 장애로 밥을 입안에 넣어 주지만 그것을 받아 씹고 목으로 넘기는 데 한 시간 이상이 걸린다고 한다. 그리고 전신의 근육을 움직일 수 없기 때문에 침대에 눕거나 휠체어에 의지하여 지낸다고 한다. 그 답답함이 괴로워 밤이 되면 그것을 원망하며 소리를 지르고 벽을 친단다. 그녀는 그것을 곁에서 다 지켜봐야 한단다. 치료가 불가능하고 생명을 연장하는 약물에 의존하며 살아간다고 한다.

온몸이 갇혀 있는 듯 움직일 수 없는 상황에서 17층 아파트에 덩그러니 혼자 남겨진 그 남성은 얼마나 외롭고 무서웠을까. 하루 종일 휠체어에 의존하며 잠시 외출을 할 뿐 거의 집 안에 갇혀 지낸다고 한다.

　도우미는 남성의 신체를 씻어 주고 닦아 주고 보호해 줘야 하는 등 많은 어려움이 있다. 나도 내가 직접 하는 일이 아니기에 "무료로 봉사활동을 하기도 하는데 이 일은 대가를 받고 하는 것 아니오? 공덕을 쌓읍시다." 하고 의미를 부여하여 도우미를 달랜다.

　남성과의 신체 접촉을 두려워하여 지원자가 드물다. 또 어려움을 이기지 못하여 중도에 포기하는 사람들이 많아 도우미가 여러 번 바뀌었다. 그러던 중 지금 이 도우미는 그를 남성으로 보지 않고 하나의 조각품으로 보며, 어눌한 말도 청산유수처럼 듣고, 눈빛과 얼굴빛을 보며 사람 마음의 온기로 소통한다고 한다.
　이 남성을 훗날에도 잊을 수 없을 것이라는 그녀는 경제적 도움, 재시(財施)에 감사해했다. 그녀는 지금 5년째 그 남성 곁에 있다. 지극히 어렵고 진저리가 쳐지게 싫을 수도 있는 일이다. 살기 위하여 집어넣는 음식들이 부득이하게 입 밖으로 나오는 게 안타깝다며 그 사람과 고통을 함께하고 있다.
　남성이 지극히 정상적이고 총명하게 사회생활을 하던 중에 어느 날 갑자기 불치의 병은 찾아왔다. 이 남성처럼 아픈 이들을, 존중해 주고 사랑하는 것. 그들에게 경의를 표해 주는 것. 아픈 그들 안에 있는 기쁨을 찾아서 함께 기뻐해 주는 것. 그것들이 공덕이 아닐까.
　오늘, 그녀에게서 전화가 왔다. 해맑은 목소리였다. 내가 선한 도우미를 보내 준 게 고마워 그 남성이 나와 같이 밥 한 끼를 먹고 싶다고 한단다. 나는 그 제의를 선뜻 받으며 밥 한 끼 먹는 게 오래 걸리는 일도 아니고 그 한 끼 밥 누가 산들 또 어떠랴, 대답을 했다. 그러나 '그 제의를 수용하는 것은 규정에 어긋나는 것 아니냐?' 나의 내면이 제재를 하며 도우미의 진정한 공덕에 머리를 숙인다.

한국자생식물원에 가다

우리 집 창가에 반려 식물 몇 그루가 있다. 아침에 일어나 창가로 가면 인사를 하며 즐거운 하루를 열어 준다. 집 안 공간을 채워 주고 쾌적함을 유지해 준다. 새싹이 트고 잎이 나고 꽃이 피는 성장의 모습은 자연의 신비다.

해마다 어김없이 피어 주는 꽃들의 빈 공간에 새싹 하나가 돋더니 무럭무럭 자란다. 보기에 야생 잡초였다. 그러나 꽃이 아니라고 뽑아 없앨 수가 없어 그것 또한 나의 반려 식물로 포함시켰다. 그 후 유독 새파랗게 싱싱하게 더 잘 자란다.

야생화로 유명한 한국자생식물원에 대한 뉴스를 접했다. 김창열 원장이 20년 넘게 가꾼 식물원 전체를 국가, 산림청에 기증했다는 보도다. 훌륭한 일에 말을 잊고 감동했다. 오대산 기슭 강원도 평창군에 위치한 곳이다. 이곳은 우리 고유의 꽃과 나무들로만 조성되어 우리 꽃을 보존하고자 하는 목적이 있다고 한다.

한국자생식물원, 친근한 반려 식물을 찾아가듯 주말이 되기 전 아침 일찍 그곳으로 향했다. 어느 계절에 가든 좋은 강원도 여행지, 두 시간여 만에 도착했다. 입구에 들어서니 짙은 녹음 속의 봄이 한가운데에 있고 아름다움이 절정이다. 시원한 바람, 푸른 산림과 숲속의 쨱쨱이, 새들이 우리를 반긴다.

한반도에 자생하는 다양한 식물들을 보호하고 전시하는 곳이다. 2023년 7월 국립식물원으로 승격된 이곳은 7만 4천여 제곱미터 규모의 부지와 건물 5동, 1,356가지의 자생식물까지 합해 모두 200억 원이 넘는 규모라고 한다. 자생식물 보호와 멸종위기종 보호, 생태교육, 연구 등 다양한 활동을 펼치고 있다.
김 원장이 국가에 기증한 이유는 좀 더 큰 울타리, 국가라는 테두리 안에서 식물원이 존속된다면 더 훌륭하게 가꿔질 수 있을 것 같아서라고 했다. 100년을 약속받고 22년 동안 정성스레 가꾸고 보살폈던 소중한 식물들을 모두 기증했다.

우리 한국에 서식하는 토종 자생식물, 산수국과 노루오줌, 갯취, 궁궁이꽃 등 많은 꽃들이 수줍은 듯 만발하여 우리를 반긴다. 특히 다양한 수생식물과 곤충들이 서식하며 생동감 넘치는 습지식물원과 산림식물원, 바위정원, 한국식 정원 등 다양한 테마의 정원이 있다.

계곡물도 함께하며 평화로이 자연을 걷다 보니 '아베 사죄상'으로 화제를 모아 유명해진, 〈영원한 속죄〉라고 이름 붙은 동상 앞에 섰다. 김 원장이 "다소 논란이 있는 조각상을 정부에서 부담스러워할 테고, 자칫 한구석에 버려질 수도 있어 기부하지 않았다." 하며 유일하게 기부하지 않았다는 조각상이다.

　작품을 만든 왕광현 조각가는 "일본군 위안부 문제를 두고 진정성 있는 일본의 사과를 바라는 국민의 보편적 생각을 담아낸 작품."이라며 "아베와 닮았는지 아닌지는 중요하지 않으며 성찰 없는 역사는 반복된다는 메시지가 중요하다."라고 말했다.

　훌륭한 이들에게 경의를 표한다. 우리의 걷는 걸음도 더욱더 굳건해졌다.

　김 원장은 "기부하지 않은 이 동상을 내가 할 수 있을 때까지 지키며 깨끗이 닦아 빛내겠다."라고 했다. 아무나 할 수 없는 이 의미 있는 일에 박수를 보내며 그의 자생식물원 사랑에 숙연해졌다. 한국관광공사로부터 한국의 가 볼 만한 곳 7선에 선정된 이곳이다. 그는 1983년 산 좋고 물 좋은 오대산 안으로 아이들을 데리고 정착하여 화전민이 화전을 일구듯 식물원을 정성스레 일구었다고 한다. 그때의 그 마음 안으로 들어가 본다. 이 태초의 자연 속에 아담한 미술관도 있고 삶의 질을 높이기 위한 도서관도 운영하고 있다. 빈틈없이 꽉 찬 아름다운 자연이다. 오대산 자락의 녹음이 우거진 숲에서 나는 새소리와 스치는 바람과 야생화들이 더욱 귀하다. 우리는 자연과 어깨동무를 하고 도란도란 이야기를 나눴다. 그 시간은 행복과 함께였다.

집으로 돌아와 커튼을 젖힌다. 작은 나의 반려 식물들에게 인사를 건넨다. 이제는 자생식물원의 꽃들도 함께 겹쳐져 보인다. 모두가 반려 식물이 되었다. 그 신비한 것들과의 눈 맞춤을 잊지 않는다.

금성다방

　주위는 신의 호의로 고요하고 별이 빛나며 나와 함께한다.
　몇 분 전에 그 사람과 같이 걷던 길을 혼자서 걷는다. 길옆 담장의 장미에게 눈길을 보내지만, 마음은 금성다방에 가 있다. 잠시 헤어질 뿐인데 벌써 그리움이 밀려왔다.
　내가 근무하는 회사는 법인사업자의 일정한 요건을 갖추고 있는 유한회사다. 사업하며 올린 소득에 대하여 세무서에 법인세와 원천세 등 각종 세금을 빠짐없이 납부해야 한다. 그것이 내가 하는 주된 일이다. 실수 없이 기한을 지키고 숫자 하나하나에 늘 철두철미해야 한다. 작은 실수로 높은 가산세를 내게 될 수 있기 때문이다.
　긴장 속에서 의무를 다해야 하는 업무가 인연이 되어 그를 만났다. 까칠하던 일상이 세무서 현장에 있는 그의 도움으로 즐거운 일이 되었다. 내가 맡은 책임과 의무를 착실히 이행했고 나에 대한 회사의 신뢰도가 깊어졌다.
　내가 계속 다녀야 하는 그곳, 차게 얼어 있는 서릿발 같은 빙판인 줄 알았는데 담당 부서 과장과 직원들은 유쾌하고 친절했으며 훈훈했다. 그중 더 특별하게 훈훈하고 풋풋한 한 남성이 있었다. 나는 보고 서류를 들고 가 정확하게 일을 처리해야 하는 탓에 머릿속은 긴

장뿐이었는데, 그는 내게 가족 같았다. 그의 친절과 다정함에 자석처럼 이끌렸다. 감추려 애쓰는 아련한 눈빛을 교환하며 유쾌한 언어가 오고 가기 시작했다. 나는 아무 관심도 없는 듯 가장하나 살얼음 아래에서 사랑이라는 물속을 헤엄치는 물고기였다. 해가 뜨고 지는 짧은 하루하루가 신비와 감미로움으로 변해 갔다. 우리는 금성다방에서 만남을 시작했다.

까다롭게 보살피지 않아도 이른 봄, 빈 땅에 심어 놓기만 하면 외물에 흔들리지 않고 쑥쑥 자라는 옥수수. 그것을 보면 우리가 자라던 때가 떠오른다. 길게 뻗은 줄기에 업히듯 매달려 익어 가는 것이 우리 형제들의 어린 시절 모습이다.

어머니를 일찍 여읜 우리 8남매는 그리움도 슬픔도 모르는 채 살았다. 그것이 운명인 양 받아 품에 안고 묵묵하게 정해진 시간을 자연에 섞여 살았다. 운명이 우리에게 안겨 준 불행을 애써 외면하며 모든 사람들이 삶을 살아 내는 과정이려니 하며 더 크게 괴로워할 줄도 몰랐다.

익숙한 긴 골목길을 오고 가듯 어렵다는 생각 없이 돌을 굴리듯 하루하루를 살았다. 그렇게 성년이 되었다. 어느새 나는 무엇을 하며 어디에 목적을 두고 살아야 할지를 고민해야 하는 나이가 되었다.

새싹이 파랗게 돋아나서 만물이 푸르게 된 봄철에 비유되는 청춘. 누구에게 구속받지 않아도 되고 얽매이지 않는 내 삶을 살아갈 수 있는 때가 된 것이다. 그러나 막막했다. 삶은 앞이 보이지 않고 모래사장처럼 까슬까슬하고 새벽안개 속에 홀로 있는 허허벌판 같았다. 성인이 되어 내게 자유가 주어졌으니 그 이후 삶의 책임은 내가 짊어져야 했다. 자유가 두려웠다.

그런 어려운 시기에 그를 만났고 탈출구가 간절했던 내게 금성다방은 한 줄기 빛이 되어 줬다. 그곳에 앉아 금빛 상념에 젖곤 했다.

인생의 길목에서 저 밑에 잠자고 있던 두려움을 멀리하고 밝은 이곳으로, 사랑이 이끄는 대로 가라 하며 그는 나를 금성다방으로 인도해 줬다. 나의 청춘을 보듬어 온기를 주기 시작한 곳이다. 슬픔으로 얼음 같았던 나의 심장에서 솜사탕 같은 김이 모락모락 피어오르게 했다. "사랑이 삶을 살리고, 마지막 실족에서 물러서게 하는 것도 사랑이다."라는 괴테의 말은 나를 위로했다.

퇴근 후 금성다방으로 향하는 길옆 높고 낮은 자연의 풀숲이 우리에게 희망의 화환이 되어 주었다. 그렇게 내 삶을 기특해하며 봄날을 살았다. 두려움과 슬픔이 사라진 자리에는 사랑의 온기와 노란빛으로 빛나는 희망이 자라고 있었다.

괴테의 "사랑은 위대하다."라는 말에 긍정의 미소를 지으며 잠 못 드는 이 밤을 아련히 걷는다.

허혜연

· 봄에 부치는 편지
· 오월의 강물
· 내 안에 비상구
· 어느 날의 행운
· 내 사유(思維)의 정리함

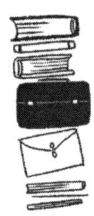

작가노트

추상화의 선두주자 파울 클레는 "예술은 보이지 않는 것을 보이게 한다."라고 했다. 글쓰기를 하면서 보이는 것과 보이지 않는 것의 경계가 모호함을 느낄 때가 있다. 잘 보고 잘 생각하고 잘 써야겠다. 보이는 것이 다가 아닌 것 같다.

《수필과비평》 등단(2020)
산들문학회, 수필과비평작가회의 회원
산문집 《시간의 정원》, 《어머니의 유일한 노래》, 《함께 가는 낯선 길》, 《모노톤으로 그리는 풍경》 공저

sunshine4475@daum.net

봄에 부치는 편지

 봄은 위대하다. 한 장의 사진만으로도 안부를 전한다. 지인이 휴대폰으로 보내온 사진을 보았다. 누구보다 먼저 봄소식을 알리려는 마음이 느껴진다. 지인이 보낸 사진은 계절의 아름다운 풍광 곁으로 모델이 분위기를 연출한 사진이다. 이번에도 노랗게 폭죽이 터진 산수유 가지에 앉은 새와 산사의 풍경을 담았다. 사진을 넘겨보다 눈길이 멈춘 곳은 연분홍빛의 노루귀꽃이다. 바위 틈새에 얼굴을 내밀고 애처롭게 피어 있다.
 노루귀꽃은 이른 봄, 얼어붙은 땅에서 자신의 존재를 알리려 고군분투했겠다. 애쓴 흔적처럼 온몸에 솜털을 두르고 봄바람에 파르르 떨며 피어 있다. 바람만 불어도 꺼지는 촛불처럼 위태롭게 보이는데 바위를 끼고 용케도 버티었다. 대견하고 고마운 일이다. 지인은 사진을 찍을 때 꽃과 어떻게 눈 맞춤 했을까. 미미하지만 꽃의 숭고함에 겸손히 엎드렸으리라.
 베란다에도 바이올렛이 겨우내 숨죽이고 있었다. 간간이 물을 주던 주인에게 보은이라도 하듯 보랏빛 꽃망울을 길어 올렸다. 겨울 장식이 있던 거실의 나무 파티션 위에 수선화, 프리지어, 라일락이 그려진 천을 걸었다. 집 안에 봄의 정원이 완성되었다.

창밖 초등학교 정문엔 "입학을 축하합니다."라고 쓰인 플래카드가 봄바람에 펄럭인다. 달뜬 엄마 틈에 천진한 아이들의 재잘거림과 웃음이 있어 보는 이조차 행복이 퍼진다. 나무들도 연둣빛을 감추지 않았다. 길기만 할 것 같았던 겨울은 항복했다.

휴대폰에 저장된 엄마를 불렀다. 아프던 엄마 목소리도 봄기운을 받아 푸르다. 봄이 되어 싹트는 새싹처럼 한 번만 젊은 날로 돌아갈 수 있다면 어떨까. 엄마는 텃밭에 심겠다는 다양한 채소들의 이름을 불러 준다. 주변의 다양한 봄소식도 전해 주었다.

〈강 건너 봄이 오듯〉 노래 속 조수미의 청아한 목소리가 아지랑이처럼 귀에 남실거린다. 봄이 와야만 한다고 삼라만상이 재촉하니 겨울은 계절의 강을 건너간다. 봄의 향연으로 연둣빛 미나리 한 줌을 씻어 줄기 하나를 맛본다. 아삭하고 향기로운 향이 입안에 퍼진다. 봄은 오감을 깨운다.

교외로 나가 보니 봄은 흐르는 물과 함께 더 빠르게 와 있다. 개울의 얼음이 녹아 있는 모양도 자연의 경이로움에 찬양한다. 만물이 봄의 기운으로 새뜻하다. 벌거숭이로 추위를 뚫고 올라온 이름 모를 새싹들 앞에 외투를 걸친 내 모습이 부끄러워진다.

수많은 생각들 속에서 단어를 찾아 문장을 만들고 한 편의 글을 쓴다는 것은 바위틈에서 꽃을 피우는 일이다. 나의 봄은 요원하다고 생각했는데 자연처럼 순응하며 기다림을 배워야겠다. 바위틈에 숨어 있던 씨앗이 발아하는 시간이 필요하다. 연둣빛 수양버들이 바람에 간지러운 듯이 너울거린다.

오월의 강물

 열차는 푸른 융단 같은 풍경을 가르며 달렸다. 무궁화 열차를 타고 떠나는 문학 여행의 목적지는 역사의 고장 영월이다. 가는 중에 생소한 이름의 역을 지날 때면 우리는 각자의 기억을 소환했다. 푸르게 빛나던 날을 떠올리며 추억 한 자락씩 펼치면 지나간 시간이 아쉬웠다. 차창 밖으로 흐르는 풍광을 놓친 것처럼 지나간 청춘을 아쉬워했다. 푸른빛에 멀미를 할 때쯤 곳곳에 피어 있는 금계국꽃이 청량제로 머리를 맑게 했다. 영월역에 도착하자 청령포로 이동했다.
 청령포로 가는 선착장 입구에도 수놓은 곤룡포처럼 금계국꽃이 펼쳐져 있었다. 과거 유배지였던 만큼 접근이 만만치 않았다. 청령포 앞으로 서강이 흐르고 있는데 좁은 폭이지만 배를 타야 한다. 언젠가 이곳을 찾았을 때 많은 비로 배가 건널 수 없어 아쉬운 발걸음을 돌려야 했는데 오늘 마주하게 되었다.
 쉼 없이 흐르는 강물에 작은 배 한 척이 떠 있었다. 단종이 유배되어 오던 그 시절 물의 깊이는 얼마였을까. 숙부에게 왕좌를 빼앗기고 왕후를 잃은 폐군주로서 측량할 수 없는 심연의 아픔과 그리움의 깊이였을까.
 휴대폰만 꺼내면 찍을 수 있는 사진은 여행자의 기록이다. 아름다운 강나루에서 저마다 방향을 바꾸며 비경과 함께 흔적을 남기기에 여념이 없었다. 거룻배는 여행자들을 실어 고요히 오갔다.

지금 강을 오가는 배는 전동장치가 있지만 그 시절엔 노를 저어 갔으리라. 슬프고 적막한 마음을 강물에 비추던 어린 단종의 마음을 강물은 알았을까. 강을 건너자 누군가 하얀 자갈길에 돌멩이 하나를 주워 물수제비를 뜬다. 되돌릴 수 없는 회한을 떨쳐 내듯 힘껏 던졌으나 더 이상의 파장은 없었다.

청령포는 조선 6대 임금 단종의 유배지였던 곳이다. 산림청이 주관한 '아름다운 숲 전국대회'에서 우수상을 받았다니 더욱 기대되는 곳이다. 미지의 땅을 밟는 마음으로 역사의 시간 속으로 걸어 들어갔다. 굽어진 길에 서서 돌아보니 청송이 하늘을 향해 가지를 뻗어 소나무 숲을 이루었다. 소나무들은 서로의 기운으로 더 푸르고 청정한 자태다.

그 무리 속에 단종의 비참한 모습과 한 맺힌 절규를 들었다는 나무가 있다. 천연기념물로 지정된 관음송(觀音松)이다. 육백 년 수령의 노송은 특별한 형태로 위엄을 자랑한다. 두 갈래로 갈라진 모양새가 애절한 사연 때문인지 신비로운 기운이 느껴졌다. 여행자들은 나무를 뒤로하고 기념사진을 찍었다. 슬픔과 기쁨의 대비 같은 포즈였다.

계단을 올라 어린 단종이 한양에 두고 온 왕비를 그리며 쌓았다는 망향탑 앞에 섰다. 아름다운 산천이 눈에 들어왔을 리 없었다. 외롭고 막막했을 어린 왕자의 아픔이 전해졌다. 휴대폰이나 태블릿으로 동영상을 찍는 방문객들을 보니 더욱 처연했다.

꿈인 듯 곤룡포를 입은 단종이 휴대폰을 들고 있다. 망향탑에 돌을 하나 집어 올려놓으며 화면을 향해 손을 흔든다. 화면 속의 정선왕후도 손을 흔든다. 두 사람의 눈에는 소리 없는 눈물만 흐른다.

2009년 유네스코 세계문화유산에 등재되었다는 장릉을 돌아보았다. 올라가는 길이 숨이 찼다. 길가에 망초꽃이 만개할 준비를 하고 있다. 단종이 떠난 유월에도 망초꽃이 하얗게 피었겠다. 단종의 어머니는 아들이 태어나고 삼 일 만에 세상을 등졌고 아버지 문종도 겨우 12세의 아들을 왕위에 남기고 사망하였다. 사춘기로 부모에게 응석을 부릴 즈음에 왕위에 올랐다가 꽃망울을 터트리지도 못하고 단명한 단종까지 슬픈 역사의 주인공으로 자리매김됐다.

단종은 1457년 유월 말경 청령포에 유배되었지만 두어 달 만에 홍수가 나서 이곳 관풍헌으로 거처를 옮겼다. 유배 4개월 만인 17세의 나이에 숙부에게 죽임을 당하고 동강에 버려졌다. 영월 호장 엄흥도가 수습하여 이곳에 몰래 매장하였다. 엄흥도의 충성은 본인과 후세의 목숨을 담보로 한 충성이라 더욱 고귀하다. 단종이 승하하고 세월이 흐른 후에야 복위하여 능호를 장릉이라 하였다 하니 비통하고 안타까운 역사다. 휴대폰으로 영상통화와 인터넷으로 실시간 소통을 하는 지금의 십 대들과 비교한다면 안타까운 마음이 그지없다. 어린 나이에 감내하기에 얼마나 두렵고 비참했을까. 권력 앞에서는 인간의 기본 도리도 망각한 아픈 역사의 한 페이지를 넘긴다. 열차로 떠나는 문학 여행지 영월은 오월의 끝자락에서 만난 아픈 역사를 되짚는 시간이었다.

　김삿갓 유적지와 영월 서부시장도 들렀다. 점심으로 단종이 정순왕후를 그리며 먹었다는 은은한 향의 쌉싸름한 어수리나물밥을 먹었다. 나에게도 나물의 향과 맛이 일품이었다. 영월을 생각하면 온통 푸른빛이다. 열차를 타고 보았던 산과 들이 강물처럼 눈에 어른거린다. 애달픈 역사도 우리의 시간도 오월의 강물과 함께 흘러간다.

내 안에 비상구

비 오는 저녁, 나에게 엄청난 임무가 주어졌다. 기다란 목에 날개를 단 여자 요원이 주변을 돌아보며 다가왔다. 그녀는 내게 수행할 일을 간단히 알려 주며 안내문을 읽어 보라 했다.

나는 그녀가 손짓으로 가리키는 비상구를 보고 안내문을 일별하였다. 투명한 덮개 안의 붉은 막대는 비상시에 잡아당겨야 한다. 내게 배정된 좌석은 비상구 옆이다. 오른쪽에 있는 비상구는 비상상황에서 탈출구가 된다.

현장 발매를 할 때 데스크의 직원이 "비상시에 승무원을 도와주세요."라고 말하긴 했다. 안내문을 읽어도 눈에 잘 들어오지 않는다. 굳게 닫힌 비상구를 보았다. 이 문을 여는 일이 없어야겠지. 한 시간 남짓한 비행은 긴장의 연속이 되겠다. 나는 되도록 창밖을 보며 제주에서의 낭만적인 풍광을 떠올리거나 심호흡으로 마음을 가다듬는다.

비가 내린다. 이미 날이 저물어 창밖은 더 어둡다. 제주 월정리의 스펙터클한 바다를 생각했다. 바다는 푸른빛만 있는 것이 아니었다. 구름에 가려진 하늘과 맞닿은 수평선의, 가장자리의 바다는 검은빛이었다. 그 뒤로 물러나며 흐려지는 회색의 연결은 어느 화가도 표현하기 어려운 색채였다. 구름 속에 가려졌던 해가 언뜻 나오면 흰색의 파고를 고명처럼 퍼덕인다. 작은 생선들이 튀어 오르는 것 같았다.

생각은 생각의 꼬리를 물고 언젠가 보았었던 재난영화와 소설들과 실제 사건들이 떠오른다.

예전에 어느 항공기가 불시착하는 사고가 있었다. 붉은 원피스를 입은 여자가 구조 헬기에 매달려 있던 모습을 뉴스에서 시간마다 반복해서 보여 주던 일이 생각난다. 헬기의 프로펠러 바람에 나부끼던 처절한 모습이 안타까웠다. 나도 원피스를 입었다. 원피스의 초록 아메바 무늬가 왠지 거슬린다. 잘 입지도 않는 원피스를 오늘따라 괜히 입었다. 생텍쥐페리의 《인간의 대지》에서 주인공과 기관사가 불시착한 사막도 떠올렸다.

지인과의 제주 여행에서 지인은 더 머물고 나는 집으로 가기로 했다. 직원은 비행기 좌석이 다 찼는지 선택의 여지가 없이 비상구 쪽 자리를 주었다. 종이 탑승권 아래에는 "비상구 좌석에 배정된 승객께서는 비상시에는 다른 승객의 신속한 탈출을 위하여 기내 승무원을 도와주셔야 합니다."라고 적혀 있다.

예전에 보았던 영화 〈부룩클린으로 가는 마지막 비상구〉가 생각난다. 어둡고 칙칙한 영화였는데 서정적이고 아름다운 음악만큼은 가슴이 저렸다. 멜로디를 떠올리며 줄거리를 생각하려 애썼지만 어두운 거리를 헤매던 이들의 끝없는 방황과 유린당한 여주인공의 공허한 눈빛만 아련하다. 그들에게 절실한 건 새로운 삶을 이어 갈 비상구가 아니었을까.

비행기가 이륙을 시작하자 갑자기 뒤쪽에서 아기가 울기 시작했다. 이륙을 하고도 그칠 기미가 보이지 않는다. 불안해지기 시작했다. 분명 누군가 보호자가 있을 터인데 멈추지 않고 우는 것은 아기도 불안하기 때문이리라. 누구라도 아기를 달래 주기를 바랐지만 아기는 잠시 그치는가 하더니 다시 자지러지게 울었다. 알랭 드 보통의 《불안》도 생각난다. 현대인의 불안에 대해 쓴 책이다.

나는 불안한 마음으로 붉은 레버를 바라보았다. 비상 상황이 생긴다면 저 아기의 울음소리도 더 이상 들리지 않을지도 모른다는 생각이 들었다. 비상구는 그야말로 비상구다. 비상시에 승무원을 도와야 한다는 것은 막중한 책임이다.

생각의 생각으로 침잠하는데 아기 울음소리는 서서히 잦아들더니 기내는 평온해졌다. 가끔 기침 소리나 화장실 가는 사람들의 움직임만 있다. 어느 시점에서 트레이 끄는 소리가 들렸다. 좁은 통로를 따라 음료수가 제공되었다.

며칠 전 작가 모임에서 '아라리오 뮤지엄'을 찾았다. 지난 세월만큼 담쟁이가 휘감긴 건물이다. 좁은 공간에 이어 계단들이 좁고 어두운 데다 미로처럼 되어 있다.

계단을 따라 이동하는데 작품에 심취해 출구를 찾지 못하고 헤매던 지인을 만났다. 우리는 함께 헤매다 모임 시간이 다 되어 가자 당황했다. 우왕좌왕하다 비상구를 찾았을 때 우리는 해방의 기쁨을 느졌다. 비상구는 이런 거구나.

  우리는 가끔 길을 잃고 헤맨다. 비상구가 필요하다. 비상구는 많을수록 좋다. 나도 예기치 않은 일을 만나거나 관계에서 힘든 때는 비상구가 필요했다. 종교는 의지처이자 비상구다. 여행도 좋고 글쓰기나 영화, 음악 등의 예술이 주는 즐거움도 비상구가 되었다. 이 모든 걸 함께 누릴 마음 맞는 친구가 있을 때 금상첨화다.

  알림음 뒤를 이어 착륙을 알리는 기장의 음성과 함께 나의 임무는 생각만으로 끝이 났다. 창밖으로 세찬 비가 내리는 활주로가 보인다. 이곳도 제주처럼 비가 바람을 타며 거세게 내리고 있다. 비행을 마치고 착륙한 땅은 세찬 비도 바람도 반가울 따름이다. 안전벨트를 풀었다. 임무가 끝난 땅은 내 불안의 비상구다.

어느 날의 행운

낯선 이에게서 한 통의 전화를 받았다. 제주도 여행과 가족사진 촬영을 하는 이벤트에 반신반의하며 응모했는데 당첨되었다는 연락이 온 것이다. 전화를 건 사람은 가족사진을 찍은 지 얼마나 되었는지 물었다.

가족사진을 찍은 기억이 언제였던가. 여행이나 행사 때 휴대폰으로 찍은 걸 얘기하는 건 아닐 테고. 생각해 보니 사진관에서 제대로 찍은 것은 아이들이 어렸을 때다. 가족 신문을 만들어야 한다고 했다. 가족구성원이 다 있는 사진이 필요해서 서둘러 찍었던 일이 생각났다.

동네 사진관에서 찍은 그 사진이 끝이었다고 대답했다. 그는 촬영 전 참고하라며 여러 유형의 사진을 휴대폰으로 보내 주었다. 견본 사진의 다양한 스타일이 시선을 사로잡았다.

흑백 사진의 시절로 시간 여행을 떠났다. 내가 사진관에서 처음 사진을 찍은 건 초등학교 입학 전이다. 엄마가 물방울무늬의 원피스를 맞춰 주었다. 나는 부모님 앞에서 몇 번이나 원피스를 입고 나비처럼 팔을 벌려 몇 바퀴 돌고, 또 돌아 보였다. 어느 날 아버지가 원피스를 입은 나를 사진관에 데려갔다. 아버지는 사진 찍을 때 눈을 감으면 안 된다고 일러 주었다. 나는 깜빡이려는 눈을 시리도록 참으며 부릅뜨고 찍었다.

어느 날 학교에서 돌아오니 동생들이 동네에 오는 사진사로부터 사진을 찍었다고 자랑했다. 그것도 사진사가 빌려주는 예쁜 색동 한복을 입고 찍었다니 약이 올랐다. 왜 나만 빠졌냐고 투정했으나 내가 학교에서 오기 전에 끝난 일이었다. 부모님은 나중에 다 같이 찍자 하셨지만 결혼식 때 함께 찍은 사진이 그다음 가족사진이 되었다.

막상 당첨 연락이 오자 여러 가지 걱정이 생겼다. 시간도 내야 하고, 번거로운 일인데 가족들이 동의하지 않을 것 같았다. 웬걸, 남편이나 아이들에게 소식을 전하니 괜찮다며 의외로 반응이 좋았다. 우린 모처럼의 가족사진 촬영을 앞두고 어떤 스타일로 찍을지 의논했다. 깔끔한 정장, 선이 고운 한복, 영혼까지 자유로 물들 청바지의 개성이 선택을 방해했다. 언제 봐도 아름다운 사진 속의 웨딩드레스를 보니, 결혼할 때 적당히 고른 나의 촌스러운 캉캉댄스 스타일의 웨딩드레스가 생각났다. 그보다 세련된 리마인드 웨딩 사진을 찍을까 하는 생각도 잠시, 그중에 복고풍 '경성 스타일'이 가족의 흥미를 끌었다.

〈미스터 션샤인〉이란 드라마의 여주인공이 입어 인기를 끌었다. 경성 스타일은 드라마 속의 일제 강점기라는 아픈 역사와는 무관하게 당시 경성의 세련된 신식 스타일이었다. 고전적이면서 우아한 분위기가 우리 가족과도 어울릴 것 같았다.

예전에는 집집마다 가족사진이 상장과 함께 자랑스럽게 걸려 있었다. 결혼식이나 환갑, 졸업식에 가족이 함께 찍힌 사진 또는 사진관에서 찍은 백일과 첫돌 사진이 대청마루나 거실을 장식했다. 지금 보면 우습지만 당시엔 돈푼깨나 주고 찍은 것을 장롱 속에 잠재울 수만은 없었으리라.

사진은 새록새록 피어오르는 행복한 추억을 불러온다. 어린 시절엔 찍지 못했던 색동옷 사진이나 흑백의 물방울 원피스 등 그즈음의 추억은 선명하다. 그 사진을 보면 눈을 감지 말라는 말이 생각나서 미소가 번진다. 가난한 시절에 부모님은 맏이인 나에게 기꺼이 사진관에서 찍은 사진을 남겨 주셨다. 그것도 호사스럽게 맞춤 원피스를 입은 독사진으로 사랑을 전했다.

사진에는 역사가 담겨 있다. 사진만으로도 시간의 흐름에 따라 가족이 변모해 가는 것을 알 수 있다. 이제 우리 가족은 '경성 스타일'이라는 새로운 트렌드로 재해석된 가족사진을 찍을 것이다. 바쁜 일상으로 온 가족이 모여 식사하는 일도 드문 일이 된 세상이니 같은 시공간에서 동참할 이벤트가 있다는 것만으로 의미 있는 일이다.

프랑스 소르본 대학에서 물리학을 공부한 최초의 여성이었던 퀴리 부인은 "가족들이 서로 맺어져 하나가 되어 있다는 것이 정말 이 세상에서의 유일한 행복이다."라고 했다. 그녀는 남편 피에르 퀴리와 함께 연구에 매진한 결과 나란히 노벨상을 받았다. 가족과 함께였기에 영광도 함께할 수 있었으리라.

가족사진에는 다양한 가족사(家族史)가 담겨 있다. 오늘의 모습에 이르기까지 추억을 그러모아 남은 시간 중에 제일 젊은 이날에, 우리는 또 한 편의 가족사를 기록한다. 몇 컷 사진으로써 그 순간 우리 가족사에 방점을 찍는다. 또 남은 날에 몇 번이나 함께 찍을 수 있을지 모르기에 소중한 가족사진이다.

내 사유(思惟)의 정리함

피할 수 없는 현실과 알 수 없는 두려움이 일렁이던 나날이었다. 박인환의 시 〈목마와 숙녀〉는 그 시절의 감성에 맞춤 시였다. "버지니아 울프의 생애와 / 목마를 타고 떠난 숙녀의 옷자락을 이야기한다"라는 구절에 사로잡혔다.

오랫동안 혈루병을 앓던 여인이 예수님의 옷자락을 만져서 구원받은 이야기가 있다. 목마를 타고 떠난 숙녀의 옷자락도 나의 갈증을 채울 수 있을지 모를 일이었다. 버지니아 울프가 우즈강에 투신한 소설 같은 결말이 애잔하다. 그녀의 생애에 강박관념이나 우울증이 비애라면 나는 세상의 불평등과 모순에 대해서 절망했다. 영화나 소설 속의 비련의 주인공이 매혹적으로 보였다.

독서는 현실의 도피처이자 희망이었다. 책을 통해 나의 우주는 밝아졌다. 책 속의 주인공과 공감하며 시간이 흘렀다. 글을 읽으며 작가의 생애와 사상 그들이 글을 쓰는 배경을 동경하게 되었다. 한 권의 책이나 한 편의 글로써 그 사람을 평가하는 이유도 그런 과정을 염두해 둔 것이다. 글은 알 수 없는 심연의 깊은 곳까지 도달한다.

말은 뱉고 나면 고치기가 어렵다. 글은 두고두고 사유하며 수정할 수 있는 일이다. 상대를 앞에 두고 다 할 수 없는 것이 말이다. 글은

은유적으로 표현하기에 좋다. 시공간도 초월하며 한 시절이 머물 수도 있고, 나그네가 되기도 한다. 글쓰기로 추억 여행을 하고 돌아보며 인생의 나침판으로 삼기도 한다. 글은 자아를 비추는 거울이요, 흘러간 역사이기도 하다.

나는 매일 글을 쓰지는 않는다. 일상생활 중에 일어난 일, 강렬한 에피소드나 보고 들은 이야기에서 내 경험을 토대로 글쓰기를 착안한다. 얼개를 가지고 글을 쓰면서 구성을 하고, 쓴 후에 다듬어 가며 마무리한다. 얼마의 시간을 보낸 후 읽으며 정리하는 것이 나의 퇴고다.

글쓰기도 정리가 필요하다. 추억도 감정도 쌓인 짐들을 정리하는 것처럼 살아야 할 때다. 생각의 생각이 단어가 되어 문장으로 변할 때 내 생각은 밖으로 빛난다. 안으로 삭여 있던 생각들이 외부로 순환되어 일광욕을 하는 것이다.

작가들은 상상력을 더하여 가 본 곳의 풍광을 묘사하고 주변 인물의 외면뿐 아니라 내면까지 훑는다. 상상력이 더해진 글은 독자에게 호기심을 불러온다. 때론 지나친 깊이로 오해를 낳기도 하지만 그런 실패를 거듭함으로써 오류를 줄이기도 한다. 글쓰기는 흩어진 내 생각과 감정을 정리해 준다.

살아온 날이 인생의 절반은 지난 시점이다. 지나온 날들을 돌아보며 저울질해 본다. 이런저런 상황들을 바꾸어 놓는다면 어떠했을까? 지금보다 나은 나로 살고 있을지 모른다. 안 가 본 곳은 더 나은 곳이라고 생각하는 건지도 모른다. 그것도 모순이다.

　어디든지 여러 가지 다른 방향으로 가게 하는 것이 생각이다. 생각은 괜찮은 사람으로 살고 싶은 나의 욕망이나 바람을 끝없이 펼쳐 놓는다. 생각은 외부로 드러나지 않는다고 하지만 글을 쓰면서 생각이 드러난다. 생각과 말하기는 쉬우나 글쓰기는 어렵다. 나에게 글쓰기는 과거와 현재이면서 삶의 물음표이기도 하다.

김영혜

· 백두대간 선자령에 서다
· 숨겨진 보석 친퀘테레
· 아버지와 크리스마스
· 용광로 같은 암스테르담
· 학술과 예술의 도시 코임브라

작가노트

"사람의 마음은 정원과 같아서 지혜롭게 가꿀 수도 있고 광야가 되도록 내버려둘 수도 있다. 그러나 가꾸든 방치하든 싹은 반드시 돋아난다. 제대로 씨를 뿌리지 않는다면 어디선가 잡초 씨가 날아와 쓸모없는 잡초만 무성해질 것이다."

- 제임스 앨런 -

문학은 나의 삶을 성찰하는 계기가 되어 마음의 정원에 물을 주고 가꾸게 한다.
그 과정에서 깨우친 가치를 내 삶에 접목하여 마음밭이 풍성해지고 있다.
그리하여 샘솟는 기쁨과 만족에서 오는 향기를 조금씩 나누고 싶다.

《여행문화》등단(2023)
여행작가, 산들문학회 회원
산문집《종과 종소리》공저

hye5957@naver.com

백두대간 선자령에 서다

　겨울이 가는 길목에서 설렘과 두려움을 안고 눈 덮인 선자령으로의 여정을 시작했다.

　옛날 대관령에 길이 나기 전에 영동 지방으로 가기 위해 나그네들은 선자령을 넘나들었다. 선자령 계곡이 너무 아름다워 선녀들이 아들을 데리고 와서 목욕하고 하늘로 올라갔다는 데서 선자령이라는 명칭이 유래되었다. 등산 코스가 험난하지 않아 누구나 트레킹을 할 수 있다. 능선을 따라서 설경이 아름다워 겨울 산행으로 최고이다.

　대관령 휴게소 입구에서 산행을 위한 만반의 채비를 하였다. 아이젠을 장착하고 등산 스틱도 조율하고 발 토시도 하였다.

　며칠간 계속 내린 눈으로 겨울 왕국을 방불케 하는 산속으로 흥분을 감추며 들어갔다. 긴 기다림 끝에 만난 설산에서 걸을 때마다 뽀드득뽀드득 소리를 들으니 절로 기분이 들뜬다. 맑디맑은 겨울 산 내음이 폐부를 스친다. 긴 세월의 풍상을 겪은 장대 같은 나무들 사이로 나 있는 발자국은 경이롭다. 길 양옆에는 무릎까지 올 정도의 눈이 수북하게 쌓여 있다. 샛길로 들어가 누구도 밟지 않은 새하얀 눈에 발을 살포시 묻어 보았다. 작은 계곡 얼음장 아래 숨죽인 개울물 흐르는 소리가 차갑게 뼛속까지 스민다. 자칫 고독할 앙상한 겨울나무 가지 위에 얼어붙어 채 떨어지지 않은 눈 꽃송이들이 하얀 솜이불처럼 포근히 감싸고 있다. 겨울 산의 모습은 생크림처럼 달콤한 묘한 힘이 있다. 가끔 가지에 앉아 있는 눈덩이들이 풀썩 떨어져 뺨을 스친다.

올라갈 때는 좀 완만한 코스로 양떼목장을 지나 풍해 조림지를 거쳐 샘터 계곡 쪽으로 갔다. 벌써 앞서간 사람들의 흔적이 길을 안내한다. 사방에 걸려 있는 겨울이 그려 낸 수묵화를 감상하며 발자국을 따라갔다. 2.5㎞가량 되는 지점에서 잠깐 쉬며 준비한 간식으로 허기를 달랬다. 바위너설에 걸터앉아 마신 커피 한잔이 최고의 청량제이다. 얼러먹는 웃음 띤 얼굴에서 정겨움이 번지고 즐거움이 새어 나왔다.

땀도 식고 배도 든든하니 순백의 산자락이 더 아름답게 다가온다. 오르면 오를수록 또 다른 얼굴로 산은 나를 반긴다. 옆에서 서포터를 해 주는 남편 덕에 두려움은 싹 사라지고 흔연함만 가득했다. 하얀 눈의 정체 모를 기쁨에 심취하여 한발 한발 눈길을 밟는 것이 흥에 겨웠다. 4㎞쯤 올라가니 풍력발전기의 거대한 바람개비가 보였다. 얼마나 큰지 그 아래 서 있는 사람이 장난감 인형같이 보였다. 한참을 오르다 보니 선자령까지 300m라는 푯말이 보였다. 박차를 가하였다.

인내심이 데려다준 정상, 내가 정상에 오른 이유가 눈앞에 펼쳐졌다. 보란 듯이 모습을 드러낸 산야의 기세, 자연스럽게 만들어진 섬려한 걸작품에 입이 다물어지지 않았다. 수많은 산맥이 어깨동무하고 다정하게 산을 감싸고 있다. 덤덤하게 부드러운 능선을 따라 욕심 없이 늘어서 있는 나무들, 초로의 노신사처럼 희끗희끗한 산봉우리를 휘감은 구름과 발아래 하얀 눈으로 그려진 비경, 자연의 조화로움과 신비로움이 주는 무언의 메시지를 선자령은 전한다. 짜랑한 햇살에 하늘이 얕게 내려앉아 맑은 에너지의 힐링은 덤으로 받았다. 선자령의 광활한 품은 역시 넉넉함을 선사했다.

 선자령에 오늘처럼 바람도 없고 눈이 많이 쌓인 날이 드물다. 여행에는 작은 행운도 필요하다. 남편과 함께 정복한 정상에서의 감격을 만끽하고 사방을 둘러보며 긴 시간을 머물렀다. 백두대간 선자령 표석 앞에서 나의 족적을 남기고 줄을 서서 사진도 찍었다. 선자령에 일렁이는 노랫소리는 저 건너 산 너머에서 불어오는 솔바람이었다. 양 볼에 살짝 바람을 대어 본다. 차가움과 따뜻함이, 겨울과 봄이 공존하는 바람이었다.

 시각장애인과 함께 등반한 A 산악회의 인간애와 아름다운 모습에 가슴이 뭉클했다. 자원봉사자들의 배낭에 끈을 연결해 붙잡고 다니는 그 사람들의 뒷모습을 한동안 바라보았다. 어딘가에서 울고 있는 사람들의 눈물을 닦아 주는 따뜻한 사람들이 있음에 내 마음마저 훈훈해진다. 하루를 온통 시각장애인들을 위해 바치는 자원봉사자들이 숭고하게 느껴진다. 따뜻한 사람들이 뇌리에서 지워지지 않는다.

 늦은 오후 선자령을 뒤로하고 가파르지만 좀 더 빨리 내려올 수 있는 전망대 쪽 코스로 내려왔다. 캠핑족들이 제법 있다. 아늑하게 텐트를 치고 바람을 막기 위해 얼어붙은 눈 덩어리를 쌓아 방어벽을 그럴듯하게 만들어 놓았다. 관후해 보이는 중년 신사가 가까이 와서 구경하란다. 그들은 겨울의 낭만을 즐기는 멋진 캠핑 마니아들이다. 백패킹의 성지답게 자기 몸집보다도 큰 배낭을 메고 늦은 시간에도 오르는 백패커들이 많았다. 눈썰매에 배낭을 싣고 끌고 가는 사람들의 몸짓에도 겨울 낭만이 담겨 있다.

한결 수월한 내리막길에서 순백의 찬란한 자유를 온몸으로 향유하며 색다른 설국의 향연을 보는 것만으로도 위로받았다. 선자령의 에너지로 온전히 충전되는 완벽한 시간이었다.

눈 속에 파묻힌 선자령이 한동안 눈에 어른거릴 것 같다.

숨겨진 보석 친퀘테레

 하늘이 어스름 밝을 무렵 맑은 공기를 가르며 밀라노 중앙역에서 라스페치아역으로 갔다. 그곳에서 친퀘테레로 가는 해안 열차에 올랐다. 가 보지 않은 낯선 곳을 향하는 길 위에는 상상과 설렘으로 가득 차 있다.

 이탈리아 북서부 라스페치아에 있는 친퀘테레는 아름다운 자연을 품고 문명의 손길이 미치지 않았다. 험준한 절벽 위에 놀라운 생활 터전을 세운 곳으로 유명하다. 절벽으로 연결된 해변 마을 친퀘테레는 다섯 개의 땅이라는 뜻으로 1997년 세계문화유산으로 지정되었다. 리오마조레, 마나롤라, 코르닐리아, 베르나차, 몬테로소 5개 마을로 이루어져 있다. 각 마을은 절벽 위 좁은 길로 연결이 되어 있어서 걷거나 열차를 이용해야 한다.

 기차를 타고 각 마을의 역에 내려서 둘러보고 다시 다음 마을로 가야 한다. '이탈리아인이 평생에 한 번은 꼭 간다는 친퀘테레'에 무슨 매력이 있을까? 궁금증을 안고 유달리 아름답다는 마나롤라와 베르나차 마을을 둘러보기로 했다.

마나롤라의 정취

　고즈넉한 마나롤라에서 내렸다. 친퀘테레 중에서 가장 오래된 역사가 있고 북아프리카에서 침범해 오는 해적의 침략을 많이 받았다. 오랫동안 해적들의 본거지로 사용된 곳이어서 가파른 바위산을 배경으로 만들어졌고 친퀘테레의 대표적인 마을로 여행객의 발길이 끊이지 않는다.
　역에서 내려오니 딱히 그렇다 할 풍경이 눈에 들어오지 않았다. 시선을 사방으로 돌려 보며 터널을 지나 마을로 들어섰다. 내가 이 그림 같은 풍취를 향유하기 위해 온 것 같아 가슴이 막 뛰었다. 보기에도 아찔한 절벽에 계단식 밭과 거대한 바위들이 알록달록한 집들을 품에 안고 옹색할 정도로 다닥다닥 붙어 있다. 바다와 맞닿아 교묘하게 어우러진 쏟아져 내릴 듯한 건축물들, 기암절벽 위의 형형색색 동화 속 집들이 비현실적으로 다가온다. 짜릿했다. 어부들이 고기잡이 나갔다가 오랜만에 집으로 돌아올 때 자기 집이 눈에 잘 띄도록 각각 다른 색깔로 도색한 것이 페인트칠의 시발점이란다.
　교과서에서나 접했던 중세 건물들 사이의 좁디좁은 골목길을 걸으면 시간을 거슬러 올라가 과거에 멈춰 있는 기분이다. 계단식 농업과 어업에 종사하며 사는 흔적을 마을 곳곳에서 볼 수 있다. 평지라고는 찾아 볼 수 없는 곳에 집을 짓고 암벽을 다듬어서 길도 만들었다. 괴석들로 가득한 척박한 땅에 드넓은 계단식 밭을 일구어 흙이 흘러내리지 않게 해서 포도 농사도 지었다. 삶의 절박함이 고스란히 담겨 있고 윗세대들의 땀의 노고가 잔잔한 감동을 안겨 준다. 이곳에서 생산되는 포도주가 유명하다. 오래된 낡은 건물들에 진하게 스며 있는 정취가 향수를 머금게 한다.

파도가 세차게 밀려오는 해안 절벽 옆을 걸어 올라갔다. 낭떠러지 아래 철썩이는 거친 파도에 한 발짝을 내디딜 수 없어 전망대를 가다가 멈추고 벤치에 앉았다. 여기서 바라본 절벽 위에 마을과 마을을 감싸안은 뒤쪽 능선 자락의 포도와 올리브밭, 그리고 리구리아해가 그려 낸 환상적인 마나롤라 절경에 또 한 번 감복했다.

베르나차의 감흥

다시 열차를 타고 네 번째 역 베르나차에 도착했다. 1080년에 해적의 침략을 막기 위해 해군 부대가 출발 거점으로 삼았던 마을이다. 이후에도 항구, 함대, 군인들이 있었던 곳이기에 군사적 요충지로 여겨졌다. 항구다운 면모를 갖춘 마을답게 원색의 보트들이 많이 정박해 있고 주로 어업으로 생활을 꾸려 나가는 마을이다.

마을로 다가갈수록 몽글몽글 정감이 피어오르고 여유로움이 느껴졌다. 해변을 따라서 건물들이 줄지어 있고 마을의 중심지인 광장 주변은 상점들로 번다하였다. 상가가 밀집해 있는 저잣거리의 기분

좋은 시끌벅적함이 더 매력적으로 다가온다. 여기저기 기웃거리며 베르나차의 독특한 정서에 흠뻑 빠졌다. 바닷가의 뒤쪽은 구릉지대로 성곽 도시 같은 마을이 서 있다. 낡은 건물이 부식되어 칠이 벗겨져 덜렁덜렁 매달린 베르나차의 빛바랜 속살을 보았다. 베란다 밖으로 널려 있는 작업복들에서 세월의 무게가 느껴졌다. 험준하고 거친 땅에서 일궈 낸 애환이 서려 있는 삶의 모습에 코끝이 찡하였다.

바다 앞에 마을을 지키듯 우뚝 서 있는 성당에서 울려 퍼지는 종소리가 베르나차에 은은하게 깔렸다. 평화로움 뒤에 일렁이는 질박한 정서와 안온함을 더 집중하며 유유자적하였다. 여행으로 인해 느슨해지는 마법의 시간이다. 뭘 그렇게 애태우며 살았나 싶게 넉넉한 마음이 생기고 마음의 조급함이 덜어진다.

자연 동굴 속으로 들어갔다. 오랜 세월 동안 거친 비바람에도 아랑곳없이 빚어낸 때 묻지 않은 태초의 모습을 그대로 품고 있다. 차르륵차르륵 파도치는 물결 너머로 고요함만이 넘실댄다. 친근한 바다 냄새가 바람에 실려와 친퀘테레의 향취를 내뿜는다. 동굴을 나와 언덕길을 올라갔다. 예전에 읽은 앙드레 지드의 《지상의 양식》 중에 한 구절이 떠올랐다.

"저녁을 바라볼 때는 마치 하루가 거기서 죽어가듯이 바라보라.
아침을 바라볼 때는 마치 만물이 거기서 태어나듯이 바라보라.
그대의 눈에 비치는 것이 순간마다 새롭기를.

현자란 모든 것에 경탄하는 자이다."

  자연 동굴 속의 신선함에 취해 무심히 시시하게 스쳐본 그 풍광을 좀 더 죽어 가듯이, 태어나듯이 바라보았다면 숨겨진 작은 보석에 내가 진정 감탄하지 않았을까? 자연 감상에 건성건성 지나쳤던 소홀한 시간을 탓하면서 기차역 쪽으로 걸어왔다.

  공사 중인 마나롤라에서 리오마조레까지 가는 '사랑의 길'이라 불리는 해안 산책길을 언제 가 볼 수 있을까? 소박하지만 멋스러움이 담긴 친퀘테레의 위로가 뜨거웠다. 속절없이 지나간 시간에 대한 미련과 또다시 찾아올 기대감이 절묘하게 공존하는 시각이다. 라스페치아로 돌아가는 열차를 타고 차창 밖 석양에 시선을 던져 본다. 친퀘테레의 따스한 향이 나를 감싼다.

아버지와 크리스마스

　배꼽산이 바라보이는 노적 마을의 겨울은 적막하기 그지없다. 눈 덮인 산과 들판에 떨어져 있는 나락을 찾아오는 참새 떼가 가끔 고요를 깨뜨리고 간다. 아직도 내 고향 풍경이 눈에 선하다.
　그해 크리스마스 시즌 겨울밤도 깜깜하다 못해 칠흑같이 어두웠다. 거리에 도시 조명은커녕 가로등도 찾아 볼 수 없는 시절이다. 마을 곳곳 가정에서 희미하게 새어 나오는 불빛이 전부이다. 멀리 교회당 종소리가 울려 퍼진다. 동네에서 유일하게 우리 집 대문 위에만 커다란 별 모양 성탄 등을 달았다. 집 주변이 훤했다. 아버지께서는 해마다 별 등을 달아 나의 유년 크리스마스를 설레게 했다.
　우리 집과 울타리를 사이에 두고 방송국과 외국인 선교사 사택이 있다. 빨간 벽돌로 지어진 주택이 8채 있었다. 지붕 위로 내민 굴뚝이 있고 담쟁이덩굴이 벽을 타고 뻗어 올라간 이국적인 건물이다. 방송국과 관련 있는 일을 하는 아버지 덕분에 나의 유년은 빛이 났다. 방송국장 부인이 자기 집에서 선교사 자녀들과, 방송국 관련 일을 하는 한국 사람들의 자녀들을 위해 유치원 과정 프로그램을 운영하였다. 국장 부인이 원장이고 교사는 다행히 한국인 여선교사였다. 선생님은 예쁘고 단정한 분이었다. 외국 아이들 4명, 한국 아이들 4

명으로 구성되었다.

　매일 아침 나는 손수건이 담긴 빨간색 작은 가죽 가방을 메고 방송국 안으로 들어갔다. 아침 인사가 지금도 기억난다. '굿모닝, 굿모닝' 노래하며 손뼉을 치면서 친구들 앞으로 갔다. 모두 등원하면 원가를 불렀다. '에덴 유치원 에덴 유치원 착하고 귀여운 우리들의 꽃동산~' 뒷부분이 좀 생각난다. 영어로도 불렀지만, 정확한 기억이 없다. 글로벌한 분위기여서 쑥스러울 줄 알았는데 참 재미있게 지냈다. 우드블록 쌓기 놀이도 하고 퍼즐도 맞췄다. 컬러링 북으로 색칠도 하며 즐거웠다. 언어의 장벽은 아무런 문제가 되지 않았다.

　국장 부인은 간식 시간에 매번 손수 만든 쿠키와 케이크를 준비해 주었다. 항상 웃음 띤 얼굴로 우리를 맞이했다. 미인이기도 하지만 다방면에 솜씨가 뛰어난 분이었다. 놀이 시간에 밖으로 나가서 잔디밭에 뒹굴기도 하고 달리기도 하였다. 방송국 밖에서는 볼 수 없는 놀이 기구를 탔다. 지금은 어지간한 놀이터에서 흔하게 볼 수 있는 것이지만, 그 시절에 회전무대 같은 놀이 기구를 접했던 것도 행운이다.

　친구 중에 '잔 마크'는 자주 우리 집에 와서 함께 놀았다. 마당 한 구석 모래밭에서 흙 놀이를 많이 했다. 밥을 먹다가 어쩌다 김치 한 조각을 먹으면 매워서 혀를 내밀고 울던 모습이 떠오른다. 미국 아이들은 옷이 더럽혀지는 것에 아랑곳하지 않는다. 털퍼덕 땅에 주저앉아 최대한 편한 자세로 논다. 심지어 더러운 손으로 코도 파고 눕기도 한다. 그 당시에는 이해가 안 되었는데 그들의 삶의 방식이 옳았다. 우리는 너무 깔끔떨고 하찮은 것에 얽매인다. 중요한 것이 묻혀서 놓치고 사는 것이 많다.

미국 사람들의 크리스마스는 연중 가장 큰 행사이다. 대형 트리를 만들고 집 안팎으로 멋지게 장식한다. 그렇게 장대하고 반짝이는 트리는 본 적이 없다. 나의 어린 눈에는 그저 신기하기만 하였다. 귀여운 지팡이 사탕을 걸고 금별, 은별, 산타클로스와 리스로 온통 꾸며 놓았다. 별세계에 온 것 같았다.

아버지께서도 교회를 다니시고 방송국에서 선교사들과 자주 접촉도 있으니 우리 집 크리스마스 준비도 그런 문화가 깃들어 있었다. 크리스마스 선물을 준비하기 위해 자전거를 타고 시내로 나가신다. 한껏 들떠서 마당 끝에 서서 신작로 쪽으로 목을 빼고 아버지를 기다렸다. 새벽에 오는 성가대에게 줄 선물과 예쁘게 포장한 꾸러미가 자전거 뒤에 실려 있다. 이런 날이면 나는 괜스레 신이 나서 걸레를 꾹 짜서 책상도 닦고 마당도 쓸곤 했다.

성가대 언니 오빠들을 보려고 잠을 설쳤다. 드디어 '고요한 밤, 거룩한 밤, 어둠에 묻힌 밤~~'이 들려왔다. 재빨리 일어나서 아버지를 뒤따라 나갔다. 노래가 끝나고 추운 겨울밤 덕담과 함께 사탕 선물을 받고 기뻐하던 성가대의 모습이 눈에 선하다. 아침에 내 머리맡에 어김없이 선물이 담긴 빨간 양말 주머니가 놓여 있다. 이런 기쁨과 추억을 안겨 준 아버지가 오늘 부쩍 그립다.

크리스마스 날 유치원에서 성대한 파티가 열렸다. 1년간 배운 것을 부모님을 초대하여 보여 드리는 시간이다. 휘황찬란한 무대장식이 지금도 생생하다. 미국인 친구 부모들은 양복과 화려한 드레스를 입고 참여했다. 우리 부모님도 양복과 한복을 곱게 차려입고 오셨다. 무용도 하고 노래도 부르며 역할극도 하였다. 무용은 남녀 한 쌍으로 짝지어서 했다. 잔 마크가 나의 파트너였다. 무용복에 어울리지 않는 긴 내복 바지를 입고 가서 접어 올리고 했다. 그 시절 내복은 천이 얼마나 두껍던지 접어 올리느라 애를 먹었던 잊지 못할 기억도 있다. 산타클로스가 준 빨간 줄이 들어간 긴 지팡이 막대 사탕이 인상적이었고 구슬 다이아몬드게임은 소중한 큰 선물이었다. 이 게임판은 대를 물려서 우리 아이들까지 갖고 놀았던 진귀한 것이었다. 행사가 끝나고 친구들과 먹은 미니 컵라면이 지금도 생각난다.

아직도 노적 마을에는 퇴색되어 버린 방송국 자리에 내 유년 시절의 조각들이 유적처럼 있다. 겨울 볕이 내려앉은 유치원 건물에 스며 있던 아이들의 재잘거리는 소리가 흘러나오는 듯했다. 내가 놀던 마당에는 나무들만 무성하게 자라고 있다. 사랑으로 점철된 기억들이 오버랩 된다. 늙지 않는 그런 기억은 영원히 나만의 것인 진정한 재산이다. 돌아보면 소중하지 않은 순간은 없다.

시시때때로 삶을 반추하며 근면하게 생활하라는 아버지의 목소리가 귓전에 맴돈다. 재촉하기보다는 기다림으로 봐주던 손길이 그립다. 크리스마스의 분위기를 맘껏 누릴 수 있도록 그리고 기쁨으로 충만할 수 있도록 유년을 풍요롭게 해 주신 아버지이다. 나이가 들면 그런 감정이 사그라지려나 했건만 여전히 내게 12월은 기대되고 설레는 달이다. 올 크리스마스에는 성탄 등을 만들어 걸어야겠다.

용광로 같은 암스테르담

　암스테르담은 '암스텔강의 댐'이라는 뜻이다. 암스텔강에 둑을 쌓아 바다를 메워 만든 계획도시이다. 네덜란드 최대 도시이자 경제, 산업, 문화, 교통의 요지이고 3개의 커다란 운하로 둘러싸인 구시가지를 유네스코 세계문화유산으로 지정하였다. 1983년 다민족을 허용하여 180개 국적의 사람들이 어울려 사는 나라이다.

　수시로 범람하는 물과 사투하며 풍차를 이용해 척박한 자연환경을 헤쳐 나간 네덜란드이다. 염분 때문에 생명이 움틀 수 없었던 열악한 낮은 땅에, 죽음의 땅에, 불가능 위에 기적을 이루어 꽃을 피웠다는 암스테르담의 문화를 접하려니 가슴이 두근거린다.

　네덜란드의 상징물이자 출입문인 암스테르담 센트럴역이 눈부시게 다가온다. 이토록 기품이 있고 아름다운 역은 처음 본다. 네덜란드 전통의 붉은벽돌 건물로 르네상스 양식으로 건립하였다.

　역에서 담 광장까지 이어지는 담락 거리를 걸어갔다. 담락 거리에는 모든 편의시설, 쇼핑몰, 백화점, 유명 브랜드 로드 숍 등이 갖추어져 있다. 명동 거리를 방불케 한다.

　가는 길에 꼭 들러야 할 집이 있다. 유명한 감자튀김집 '만네켄피스'이다. 역시 웨이팅 줄이 꽤 길다. 감자튀김 사이즈와 소스도 24

가지나 되어서 미리 정해 둬야 한다. 테이크아웃 매장이고 분업화가 너무 잘되어 있어 긴 줄에 비해 기다림이 길지 않다. 야외 테이블에 앉아 오가는 사람들을 구경하며 먹었다. 스몰 사이즈인데 양이 너무 많다.

 네덜란드식 스트룹와플도 3개 구매했다. 구운 와플 사이에 캐러멜 시럽을 발라서 만든 네덜란드 와플이다. 쫀득하고 달콤한 맛이 아메리카노와 딱 어울리는 중독성 있는 와플이다. 아메리카노의 열기로 시럽을 녹여 먹는 맛은 일품이다. 맛집을 찾아 먹는 즐거움을 느낄 수 있음은 모두 딸내미 덕분이다.

 북적이는 여행객들 틈에 부대끼며 암스테르담의 심장이라 불리는 담 광장에 도착했다. 네덜란드 황금시대를 상징하는 고풍스러운 정취의 왕궁이 시선을 장악한다. 행사가 있는 날을 제외하고 늘 개방한다.

 왕궁 옆에 고딕 양식의 신 교회와 마담투소 박물관 등 오래된 다양한 디자인의 건물들이 광장을 둘러싸고 있다. 하나의 갤러리를 보는 듯하다. 마담투소는 전 세계에 퍼져 있는 세계 최대 규모의 밀랍 인형 박물관이다. 역사적으로 유명한 인물들을 밀랍 인형으로 재현해 전시하고 있다.

 여행객과 거리의 예술가들로 광장은 활기가 넘친다. 빼놓을 수 없는 광장의 비둘기가 오가는 사람들을 맞이한다. 왕궁 맞은편에는 흰색 오벨리스크가 우뚝 솟아 있다. 1956년 제2차 세계대전 전몰자를 추모하는 위령탑이자 레지스탕스 운동 기념탑이다.

　암스테르담은 마약과 매춘이 합법화된 도시이다. 세계에서 가장 유명한 집창촌이 있는 드 발렌 홍등가이다. 거리 곳곳에 합법적인 관련 업소들이 있다. 홍등가가 관광 명소라 해서 좀 놀라웠다. 구경하려니 좀 어색하였다. 관광객이 많아 불안감이 해소되었다. 유흥업소가 즐비하고 커튼 친 창문들이 유명한 성매매 거리임을 보여 준다. 쾌락 이면에 어둠이 공존하는 곳, 좀 우울했다. 사진을 찍는 부주의한 행동을 하지 않도록 해야 한다. 거리에서 풀잎이 타는 듯한 냄새가 코를 강하게 찌른다. 대마초 냄새로 머리가 띵하다. Coffee shop이라는 상호는 대마초와 그와 관련된 물건을 판매하는 곳이다. 커피가 마시고 싶다면 Cafe를 이용해야 한다. 개방된 성 문화, 이색적인 문화를 들여다보고 좀 더 걸으니, 운하가 나왔다. 맘이 편해졌다.

　네덜란드는 자동차 길, 사람 다니는 길, 자전거 길이 확실히 구분되어 있다. 암스테르담에서 자전거는 사람보다 많다는 교통수단 이상의 의미가 있다. 자전거 도로망을 보고 놀랐다. 도로에서 우선순위는 자전거이다. 자전거 이용자들에게 최대한의 편의를 주고 인프라가 잘 마련되어 있다.

　암스테르담에 발을 디디면서 거리에 자전거 타며 질주하는 수많은 사람을 보며 탄성을 질렀다. 이것이 사람 사는 모습이라고. 진정한 삶을 느꼈다. 힘찬 기운이 넘치는 자전거의 향연을 보며 에너지가 솟아올랐다. 네덜란드 아이들은 걷기 시작하면 자전거 타기를 제일 먼저 가르친다. 대대로 내려오는 소중한 자전거 문화가 네덜란드 어린이만 경험하는 특유의 삶이다. 아동 청소년 행복지수 1위인 나라의 자전거는 아이들에게 단단히 한몫한 것이다.

암스테르담 여행의 매력은 운하 크루즈 여행이다. 1시간 정도 걸리는 암스테르담 항해이다. 도심을 가로지르며 그림 같은 풍치를 선사한다. 도시 전체가 운하로 연결되어 있다. 영어로 설명이 끝난 후 한국어, 불어, 스페인어, 중국어, 일본어로 오디오 가이드가 안내 음성을 지원한다. 자세히 설명을 들으며 보니 깊게 와닿는다. 운하를 따라 늘어선 건축물들의 파노라마가 펼쳐진다. 그림책 속에 있는 듯 아름다운 감상에 젖어 들게 한다.

네덜란드는 17세기 황금시대에 모두 부자가 되었을 때 세금을 대폭 거둬들였다. 세금 징수의 기준이 집 너비의 길이, 현관 계단의 수, 창문에 드리워진 레이스 커튼 길이였다. 세금을 줄이기 위한 일환으로 예쁜 집들이 탄생했다. 폭이 좁고 길쭉길쭉한 집들이 다닥다닥 붙어 있다. 지반이 약해서 서로 지탱하여 주기 위해 틈이 없이 붙어 있다. 〈007 다이아몬드는 영원히〉에 나와 유명한 마헤레 다리의 실물을 접한다. 다리 밑으로 배가 지나갈 때 다리의 중간 부분이 올라가는 개폐교이다. 크루즈가 정점을 향해 갈 때 황홀한 전경에 탄성을 지르고 온통 사진 찍기에 정신없었다.

크루즈를 타고 바라본 암스테르담은 또 다른 매력을 선물한다. 풍부한 역사를 지닌 건축 유산들, 그림 같은 다리들, 운치 있게 떠 있는 하우스 보트, 도심을 가득 메운 운하의 조화로운 모습에 경탄을 금할 길 없다. 뮤지엄도 많고 풍광 좋은 길에 자전거 타는 사람들의 천국인 다채로운 문화가 있는 암스테르담은 용광로처럼 열정적이고 낭만을 누리기에 충분한 도시이다. 다음 여행지 반 고흐 미술관이 기대된다.

학술과 예술의 도시 코임브라

　코임브라는 포르투갈 중심에 위치하며 유럽에서 대학 도시로 유명하다. 리스본처럼 언덕 위에 자리한 도시이다. 오르막길과 계단이 많긴 하지만 코임브라대학을 볼 생각에 지치지 않고 올라갔다. 13세기 아폰수 3세가 수도를 리스본으로 옮기기 전까지 코임브라는 100년 넘게 포르투갈 수도였다. 디니스 1세가 1290년에 리스본에 설립한 코임브라대학은 14세기에 이곳으로 이전하였다. 코임브라 왕궁으로 대학 이전을 명한 동 주앙 3세의 동상이 운동장 가운데 우뚝 서 있다.

　유서 깊은 코임브라대학교는 포르투갈의 학문과 문학 발전에 지대한 영향을 주었다. 또한 포르투갈의 유명한 굴지의 인재들을 많이 배출하였다. 국민 시인 카이몽스, 독재자 올리베이라 살라자르, 그레고리력을 발명한 크리스토퍼 클라비우스, 그 외에도 지성을 대표할 만한 인물들이 코임브라대학에서 학문하였다. 명성에 걸맞게 2013년 유네스코 세계문화유산에 등재되었다.

　코임브라 대학도서관, 조아니나 도서관의 아름다움에 놀랐다. 세상에 태어나 이런 희귀하고 경이로운 궁전 같은 도서관은 처음 보았다. 포르투칼 바로크 양식의 걸작 건축물이다. 16~18세기에 인쇄된

고서를 비롯하여 희귀하고 값을 따질 수 없는 중요 장서가 소장된 어마어마한 규모에 찬탄이 절로 나왔다. 천장에 가득 찬 프레스코화와 금과 대리석으로 장식된 서가의 화려함과 웅장함을 찍어 오지 못함이 아쉽다. 책들을 보호하기 위해 입장 인원도 제한되고 내부는 사진 촬영을 하지 못한다.

도서관은 크게 세 개의 홀로 나누어져 있다. 'noble floor'는 도서관의 간판 역할을 하는 곳이다. 'intermediate floor'는 학술연구 활동을 하고 도서관의 책을 관리하는 공간이다. 도서관 직원만 출입 가능하다. 'academic prison'은 일반법의 지배가 아닌 대학 내의 법규에 따라 죄를 다스렸던 곳이다. 조아나 도서관에는 박쥐가 살고 있다. '웬 박쥐?' 하고 의아해했다. 박쥐는 낮에는 책장 같은 곳에서 잠을 자고 밤만 되면 내려와 책을 갉아 먹는 해충을 잡아먹는다고 한다. 소중한 컬렉션을 보호하는 명물이라는 것을 알았다.

코임브라 대학생들은 검은 망토를 입고 있다. 망토는 코임브라대학의 전통의상이자 교복이다. 이 망토에서 영감을 얻어 조앤 롤링은 해리포터 호그와트 마법학교 학생들의 교복을 만들었다. 마침 학교에 대학생들이 많이 나와 있었다. 친절하게도 사진도 같이 찍고 망토도 둘러 주었다. 웃음 가득하고 에너지 넘치는 대학생들의 표정이 눈에 선하다. 명예로운 대학에서 공부하는 학생들답게 여행객들에게 학교의 위상을 몸소 보여 준다.

아폰수 1세가 건립한 산타크루즈 수도원은 왕실의 중요한 종교적

장소이다. 벽면에 아줄레주 치장은 수도원의 위엄을 높인다. 여기에 마누엘 양식과 로마네스크 양식으로 지어진 내부 모습에 감탄했다. 포르투갈 역사에 전설적인 인물인 초대 국왕 아폰수 1세가 봉안되어 있다. 무어인들로부터 리스본을 다시 찾아 포르투갈을 세운 왕이다. 투구를 들고 누워 있는 모습에서 강직한 왕의 위세가 강하게 와 닿는다. 맞은편에는 지식과 문학을 사랑했다는 2대 왕 산슈 2세가 잠들어 있다. 잠시 묵상을 한다. 시간이 멈춘 듯한 아름답고 평온한 공간에서 훌륭한 예술품들을 감상하고 안식을 얻을 수 있음에 아폰수 1세의 존재에 감사한다.

 아이스크림을 먹으며 골목골목 오랜 역사를 대변하는 건물들을 탐색하며 반들반들한 돌길에 발을 디뎌 본다. 오래되어 낡은 건물이 창연하게 서 있다. 세벨하 대성당이다. 구 대성당이라고 부른다. 진짜 오래됨을 건물은 보여 준다. 12세기에 로마네스크 양식으로 건축되었다. 독특하게 윗부분이 톱니바퀴 모양을 하고 있다. 이슬람 영향인 듯하다. 아랍인들이 요새로 지은 것을 엔리케 왕이 성당으로 재건축했다. 고딕식 회랑이 숙연함을 불러일으킨다. 내부 벽에는 예수와 십이사도 성인이 그려져 있다.

 가파른 언덕길을 내려와 포르타젱 중앙광장에 들어섰다. 기념품 상점이 절반 이상이고 카페, 레스토랑 등 히스토리를 품은 낡은 건물들이 빽빽하게 들어선 거리가 중세 모습을 물씬 전해 준다.

 대서양과 근접해 있어 수산자원이 풍부하다. 그중 정어리가 으뜸이다. 정어리 통조림은 가는 곳마다 있다. 정어리 통조림은 화려하고, 혹하게끔 패키징 되어 있다. 생선 통조림 전문 매장 '코무르'에 들어갔다. 인테리어가 유명하다더니 도시의 상징물을 콘셉트로 조아니나 도서관의 중앙을 본 따서 해 놓았다. 정어리 통조림을 다양하게 디자인하여 온통 도배하듯이 진열해 놓았다. 포르투갈 도시 이름과 랜드마크로 패키징 되어 눈 둘 데가 없을 정도로 호화찬란하다.

포르투갈은 코르크 생산량이 많다. 코르크 소재 가방, 컵 받침 등 잡화류가 대홍수를 이룬다. 대학가여서 서점도 눈에 많이 띈다. 코임브라 감성에 걸맞은 카페들 풍경을 보는 것만으로도 짜릿하다. 코임브라 광장에는 여행객들의 정기로 활기차다. 길거리 음식도 넘쳐난다. 걷기만 해도 가슴이 벅차오르고 즐겁다.

코임브라 골목길에는 포르투갈의 전통음악 파두가 곳곳에서 흐르고 있다. 19세기 리스본 파두가 선술집에서 흘러나왔다면 코임브라 파두는 지성과 열정이 공존하는 젊은 대학생들 사이에서 형성된 낭만을 노래한다. 리스본 파두가 바다로 간 남편을 기다리는 여인들의 외로움과 그리움을 가슴으로 애절하게 그려 냈다면, 코임브라 파두는 철학과 젊음과 감성을 담아 노래로 승화시켰다. 코임브라 파두는 대학생들이 사랑하는 연인에게 사랑을 고하는 세레나데에서 시작되었다.

'파디스타'라 불리는 검은 망토를 두른 남성들만 부를 수 있는 것이 독특했다. 거리에서, 음식점에서, 창가에서 사랑하는 연인에게 사랑의 세레나데를 기타로 연주하여 들려주었다. 코임브라 파두는 젊은이들의 전유물이 아닌 모든 사람의 삶 속에 들어와 있다. 길 가던 사람들, 남녀노소 할 것 없이 함께 어울려 즐긴다. 모두 즐겁게 노래 부르고 웃고 마시는 시간을 갖는 코임브라 청춘들은 '오늘은 다시 존재하지 않는다'는 메시지를 시사한다.

  매력적인 도시 코임브라에서 'Carpe Diem'을 다시 한번 새겨 본다.

백송이

· 뚝배기 예찬
· 나무 뒤에 숨어서
· 강경 근대도시를 가다
· 만두와 라비올리
· 더 늦기 전에 알래스카

작가노트

창호문 뒤에 앉아서 손님이 가실 때까지 숨죽이고 있었다. 사춘기의 나는 수줍음이 많아서 남들 앞에 나서기가 매우 힘이 들었다. 겨울 햇볕처럼 짧은 작가 수업 몇 학기 달랑 수강하고 어쭙잖게 등단했다. 부끄럽다. 내게 맞지 않는 화려한 옷을 입은 것 같아 쑥스럽다. 그럼에도 글을 쓰고 싶은 욕망을 감출 수는 없어 원고를 들고 수업에 간다. 그래, 쓰자. 생각날 때마다. 망각의 늪에 빠져 모든 것이 허옇게 바래기 전에.

《인간과 문학》 등단(2024)
산들문학회 회원, (사)한국사진작가협회 정회원

tootsie100@hanmail.net

뚝배기 예찬

 화려하고 반짝이는 것은 아름답지만 때로는 마음에 부담을 주기도 한다. 은은하게 빛을 발하는 사물에 마음이 끌리는 것은 말없이 자신을 드러내기 때문이다. 자신의 미를 한껏 과시하고 있는 것이 무엇이든 감당하기 어렵다.
 주방에서 사용하는 가스레인지를 인덕션으로 바꾸었다. 인덕션에 맞는 조리 도구를 사용해야 한다고 해서 냄비, 프라이팬, 주전자까지 다 바꾸었다. 한 가지 섭섭한 것은 내가 좋아하는 뚝배기와 이별이다. 예쁜 냄비에 찌개를 맛있게 끓여서 상에 올려도, 잔열로 바글바글 끓던 뚝배기와는 비교가 되지 않는다.
 뚝배기는 지방에 따라 뚝배기·툭수리·툭박이·투가리·둑수리 등으로 불린다. 어느 지방의 말을 발화해도 따뜻함이 묻어난다. 뚝배기는 냄비처럼 빨리 끓지 않지만 한번 뜨거워진 것은 쉽게 식지 않는다. 내가 뚝배기를 사랑하는 것은 투박함과 함께 뜨거움이 은근하게 오래간다는 것이다. 삭지 않는 사랑에 비유될 수 있다.
 어릴 적 우리 집에는 한쪽으로 기울어진 못생긴 뚝배기가 있었다. 엄마와 옹기점에서 항아리를 샀는데, 못생겨서 팔리지 않았는지 덤으로 뚝배기를 받았다. 엄마는 아담하고 반들거리는 항아리를 머리에 이고, 나는 뚝배기를 들고 뚝방 길을 걸어 집으로 왔다.

그날부터 못생긴 뚝배기는 우리 집 밥상의 가운데 자리를 차지했다. 바글바글 끓는 찌개가 삐뚤어진 뚝배기에서 끓는 걸 보며 '똑바로 생겼으면 찌개도 더 많이 담겼을걸' 하는 생각이 들기도 했다. 아버지는 뚝배기가 못생겨서 찌개가 더 맛있다고 했다. 기울어져 살짝 넘친 찌개 국물이 열에 달은 뚝배기를 따라 내려가며 졸아붙어 타는 냄새가 식욕을 돋우었던 것 같다. 가끔은 고기라도 한 점 들어가면 그날은 입이 짧은 나도 밥을 한 공기 다 먹었다.

내가 살던 동네는 바다가 먼 지역이라 건어물 행상도 자주 왔고, 가끔은 금산에서 인삼 장사나 목화솜 장사도 왔다. 심한 지방 사투리로 목청껏 소리를 높여서 상품 선전을 하며 골목길을 돌아다녔다. 어떤 때는 우리 집 대청마루에서 물건을 팔기도 했고, 고단한 다리를 쉬어 가기도 했다. 그들은 여기저기 물건 팔러 다니면서 보고 들은 이야기를 풀어놓았다. 그러다 끼니때가 되면, 엄마는 밥상에 숟가락 하나 더 올려놓고 그들과 같이 밥을 먹었다. 찬이야 그저 시큼한 열무김치와 텃밭의 호박을 넣고 끓인 뚝배기 된장찌개인데, 다들 밥을 맛나게 먹었다. 그들은 '뚝배기보다 장맛'이라며 고마워했다. 나는 '뚝배기보다 장맛'이라는 말을 '균형이 맞지 않는 못생긴 뚝배기'를 두고 하는 말 같아 괜히 부끄러웠다.

나는 사회생활을 하면서 완벽한 사람보다는 뭔가 허점이 보이는 사람들에게 더 끌렸다. 균형이 맞지 않는 우리 집의 뚝배기처럼 보이지만, 그들은 웅숭깊고 따뜻했다. 무뚝뚝하지만 꾸밈이 없고 진실한 마음이 오래가는 사람은 누구나 좋아하지 않을까.

작년 봄에 한 달 일정으로 미국의 딸네 집에 갔다. 딸은 오랜만에 보는 엄마를 위해 유명한 양식당 여러 곳에 예약을 해 두었다. 나는 딸을 위해 틈날 때마다 한식을 요리했다. 딸은 미국에서 태어났어도 피는 못 속인다고 한국 음식을 아주 좋아한다. 딸은 된장찌개는 뚝배기에 끓여야 맛있다는 나의 음식 철학까지도 이어받았는지 주방에 뚝배기를 자랑스럽게 진열해 두었다.

내가 미국에 왔다는 소식을 들은 딸의 학교 후배가 버지니아로 이사 간다고 인사차 방문했다. 찬거리가 별로 없어 걱정하는데, 괜찮다면 뚝배기 된장찌개를 해 달라고 했다. 잘생긴 뚝배기에 된장 풀고 감자, 호박 넣고, 청양고추가 없어서 멕시코 고추를 넣고 된장찌개를 후딱 끓였다. 냉장고에 있는 밑반찬 두어 가지 올려 조촐한 상을 차렸다. 따뜻한 밥을 뜬 다음 찌개를 각자의 그릇에 담으려고 국자를 잡으니 딸의 친구가 한사코 말린다.

"우리 같이 떠먹어요. 뚝배기에서 같이 떠먹는 게 그리웠어요."

나는 미국에서 태어난 아이들이라 서양식으로 각자 덜어 먹는 게 당연하다고 생각했는데, 딸의 친구 말에 좀 놀랐다. 어떤 사연으로 가족과 몇 년째 연락하지 않고 지내지만, 엄마가 차려 준 밥상은 잊을 수가 없단다. 친구는 가족이 둘러앉아 뚝배기 된장찌개를 먹으면서 정을 나누던 그 밥상을 잊지 못하는 것 같았다. 내 마음이 짠했다.

나의 삼십여 년 미국 생활을 돌아보면 정신적인 버팀목이 되어 준 것은 신앙생활, 가족, 한국 음식, 한국에서 오는 책, 한국 드라마 등이었다. 그중에서도 뚝배기를 빼놓을 수 없다. 뚝배기에 대한 기억은 여러 겹으로 이루어져 있는데 그 중심 단어는 행복이다. 옛일을 추억하다 보면 행복이라는 단어와 맞닿아 있다. 엄마와 시장에서 뚝배기를 사 오던 날의 즐거움, 못생긴 뚝배기에 대한 아버지의 말씀이 슬픔을 기쁨으로 바꾸어 주기도 했다. 바쁜 이민 생활에 지쳐 집으로 돌아온 날이면, 뚝배기 된장찌개가 식탁 위에 올려졌다. 광활한 우주에 우리 가족만 있는 것 같아 서러움으로 가득한 마음도 잠시, 숟가락을 부딪치면서 밥을 먹다 보면 서로의 울타리가 되어 주는 가족이 있어 든든하다는 생각이 들었다. 마음이 훈훈해지면서 이민 생활의 두려움도 사라졌다.

날렵함이 아니라 투박함이 사람의 마음을 따뜻하게 품어 준다. 빛나는 광채가 아니라 은은한 광택이 편안하게 해 준다. 딸이 주방에 뚝배기를 진열해 놓은 것도 위로받기 위함이 아닐까 싶다. 이름 없는 도공이 빚은 투박한 뚝배기가 힐링의 도구가 된다는 것이 놀랍다.

번듯하니 반지르르한 인덕션용 뚝배기를 새로 장만했지만, 쉬이 손이 가지 않았다. 나는 미니 버너를 식탁에 올리고 첫사랑 같은 예전의 뚝배기에 된장찌개를 끓였다. 바글바글 행복을 끓이고 있는 것 같았다. 우리 부부는 행복을 되찾은 듯 환하게 웃었다.

《인간과 문학》에 수록됨 (2024 여름호, 제46호)

나무 뒤에 숨어서

검은색 트렌치코트를 입고 스케이트보드를 타는 한 아이를 기억한다. 그 아이는 온몸으로 외롭다고 말하는 것 같았다. 바람에 몸을 맡기고 보드를 타는 몸짓은 슬퍼 보였다.

반쯤 열린 관에 반짝이던 두 눈을 감고 누워 있는, 그의 얼굴을 보니 왈칵 뜨거운 눈물이 쏟아진다. 관 옆에는 그가 사랑했던 스케이트보드가 있다. 불덩이같이 뜨거운 신음이 차마 밖으로 나오지 못해서 목울대가 뻐근하다. 분위기는 침울하나 관을 잡고 우는 사람은 나 하나뿐이다. 그의 양모인 샤론이 나에게 다가와서 감싸안는다. 서로 하고 싶은 말은 많으나, 그저 눈빛만 교환한다.

우리 가족은 미국의 아주 작은 마을에서 20년을 살았다. 마을 인구의 대부분은 백인이고, 흑인 대여섯 가정에, 남미와 아시아계는 손에 꼽을 정도였다. 마을 사람들은 보수적이나 적대적이지 않았고, 성취감과 자존감이 높았다. 아이들은 유치원부터 고등학교까지 마을의 유일한 학교에서 함께 공부하며 성장했다. 소수계인 우리 가족은 대한민국을 대표한다는 마음으로 늘 반듯하게 생활하며 품위를 잃지 않으려고 노력했다.

내가 해리를 처음 본 날은 딸의 생일이었다. 그 당시에는 주제가 있는 파티가 유행이었다. 나는 식당을 예약하고, 파티 엔터테인먼트 회사에 연락하여 백설 공주를 테마로 한 생일 파티를 부탁했다. 파티 일주일 전에 초대장을 보냈는데, 명단에는 동양계 여자 이름이 하나 있었을 뿐 모두 미국 이름이었다. 그런데 생일 파티에 온 열 명 중 얼굴이 가무잡잡한 동양인 남자아이가 있었다. 해리 브라운, 그 아이는 자식이 없는 백인 부부에게 갓난아기 때 한국에서 입양되었단다.

해리가 입양된 후에 기적인지 아기들이 찾아와서, 해리는 동생이 넷이나 된다. 그날 파티에 온 아이들은 백설 공주의 등장에 환호성을 지르며 좋아했다. 백설 공주와 동행한 일곱 난쟁이 분장을 한 사람들과 게임을 했다. 주어진 각자의 흰 티셔츠에 그림도 그리고, 노래도 부르며 즐겁게 지냈다. 해리의 엄마 샤론도 파티에 동반한 엄마들과 함께 사진을 찍고, 음식도 나누며 담소했다. 그때부터 나의 기억 속에 해리가 있었다.

나는 딸의 등하교 시간에 맞추어, 학교 주차장에 차를 대 놓고 기다리곤 했다. 방과 후 수영장이나 다른 활동 일정에 늦지 않아야 해서 간식도 준비했다. 딸이 저만치 멀리 보이면 차에서 내려 딸을 반갑게 안아 준 후에 차에 태우곤 했다. 그런데 가끔은 내 뒤통수가 당기는 듯 이상한 느낌이 있었다. 궁금하여 돌아보면, 아무도 없었다. 하지만 가끔은 미처 나무 뒤로 완벽하게 숨지 못한 해리가 보였다. 마음이 짠했으나 시간에 쫓겨서 늘 그냥 지나쳤다. 어쩌다 길에서 마주치면 서로 가볍게 인사만 했다. 수줍어하는 그에게 어떻게 접근해야 할지, 또 해리의 양부모에게 실례가 되지 않을까 조심스러웠다.

우리 딸은 사춘기가 되면서 파란색 콘택트렌즈를 끼고, 쌍꺼풀 테이프를 붙이는 등 멋을 부렸다. 때로는 나에게 반항하기도 했다. 인종에 대한 자각도 생겨서, 등하교시키러 가면 엄마는 차에서 내리지 말라고 해서 당황스러웠다. 동그랗고 누런 얼굴의 동양인 엄마가 부끄러웠던 모양이다. 해리는 양부모가 낳은 사 남매 동생들과 잘 지내는 듯했다. 늘 말수가 적었으며 부쩍 성장하여 키가 훤칠했다.

아이들은 고등학교를 졸업하고 대부분 대학에 진학하거나, 직장을 잡아 집을 떠났다. 어렴풋이 들리는 소문에, 해리는 당분간 집에서 보드 타기를 즐기며 지낸다고 했다. 좀 예외라 의아했으나 공부는 재미가 없어서 쉬는 거라 짐작했다. 차를 몰고 다니다 보면 한적한 공원에서 검은 코트를 입고 보드를 타는 해리가 보이기도 했다. 보드를 타지 않으면 답답해서 견딜 수 없는 그 아이의 마음이 느껴졌다.

어느 날 대학에 다니는 딸에게서 떨리는 목소리로 전화가 왔다.

"엄마, 해리가 죽었대요…. 어떻게 죽었는지는 아직 다들 모르나 봐요. 나는 학교 수업을 빠질 수 없으니 엄마가 대신 장례식에 좀 갔으면 해요."

나는 그러겠다고 대답했다. 근처 꽃집에서 꽃을 주문하며 가슴이 미어졌다. '장례 꽃 대신 졸업식 날 꽃다발을 주었으면 좋았을걸, 어렸을 때 한 번이라도 꼭 안아 주었으면 좋았을 터인데' 하는 생각이 밀물처럼 밀려왔다. 장례식에 가는 발걸음이 무거웠다. 장례식은 아주 조촐하게 간단히 끝났다. 해리는 관 속에서 평안해 보였다. 그래, 늘 사랑에 허덕이던 너의 갈망과 눈물과 그리움도 다 끝난 거야.

해리는 그렇게 갔다. 아무도 그에 관해 이야기하지 않았다. 석 달쯤 지나 더운 여름이 왔고 그의 가족은 아주 근사한 휴가를 떠났다. 휴가 간다고 자랑하는 해리의 엄마를 보니 카프카의 소설 《변신》이 생각났다. 주인공 그레그 삼사가 바퀴벌레가 되어 죽은 후에 아무 일도 없었던 듯 소풍 가는 가족들과 흡사하다는 생각이 들었다. 마음이 씁쓸했다. 미국에서 이방인으로 살아간 그는 한국을 동경했을 것이다. 해리의 영혼이 한국에 머물고 있을 것만 같다.

미국에서 삼십여 년간 살면서 한국에서 온 입양 아이를 여럿 보았다. 그들을 보면 안쓰러움은 물론 미안한 마음도 들었다. 같은 한인이어서 더 마음이 쓰였다. 그들의 성장 과정을 보며 양부모들에게 감사한 마음도 많았다.

해리는 나무 뒤에 숨어 나를 지켜보면서 한국의 생모를 그려 보았을 것 같다. 생모에 대한 그리움과 원망하는 마음을 어디에 묻어 두었을까. 그때 선뜻 마음을 내어 해리의 손을 잡아 주지 못한 것이 내내 아쉽다.

《인간과 문학》에 수록됨 (2024 여름호, 제46호)

강경 근대도시를 가다

 강경으로 지인들과 출사를 갔다. 강경이라는 지명에서는 낯섦보다는 그리움이 묻어난다.

 먼저 연수당 건재한약방 건물을 찾아갔다. 유일하게 강경시장 부근에 현존하는 1920년대 건축물이다. 전통적인 한식 구조에 상가의 기능을 더해 근대 한옥의 변천을 보여 준다. 건축 당시에는 남일당 한약방이었으나 주인이 바뀌면서 연수당 건재한약방이 되었다. 지금은 한약방의 후손들이 관리하고 있다고 한다. 문이 잠겨 있어 울타리 사이로 지나간 세월의 흔적을 감질나게 들여다보는 걸로 만족했다.

 연수당 건재한약방 주위로 강경 근대거리가 조성되어서 이곳저곳 사진을 찍으며 산책하듯 걸었다. 낙후된 집들 앞에는 빈 젓갈 통을 재활용하여 만든 화분들이 삼삼오오 모여서 한때는 번성했던 옛 영광을 보여 주는 듯했다. 소멸해 가는 근대도시에서 자주 볼 수 있는 무너질 듯 서 있는 낡은 집들과 무당집, 점집, 교회 십자가, 태극기 등을 강경 거리에서도 마주쳤다. 외벽을 짙은 파란색으로 칠한 집 앞에는 얼굴이 검게 그을린 촌로가 무심한 표정으로 해바라기를 하고 있다.

동네 어귀에는 젓갈 상점들이 즐비하게 서 있는데 손님이 별로 없어 썰렁하다. 주중에는 한산하고 주말에만 바쁘지 싶다. 나는 한 가게에 들러서 이것저것 시식을 해 보고 씨앗젓갈을 조금 샀다. 집에 돌아가면 따뜻한 밥 한 숟갈 듬뿍 떠서 씨앗젓갈을 얹어 먹으며 여독을 풀고 싶었다.

휘적휘적 두리번거리며 걷다 보니 빨간 지붕에 하얀 벽의 이국적인 성당이 나그네의 눈길을 사로잡는다. 주변 조경이 잘되어 있어 성당 건물이 더욱 아름답다. 마리아상 맞은편의 김대건 신부 동상을 보고 이곳이 강경성당임을 알았다. 강경은 1845년 10월에 김대건 신부가 중국 상해에서 사제 서품을 받은 후 서해를 건너와서 첫발을 디딘 곳이다. 강경성당은 그가 잠시 머물며 사역 활동을 한 곳으로 이를 기념하여 건립되었다. 서양식 현대 건축물인 성당은 건물이 쓰러져 가는 주변의 회색 분위기 거리와는 대조적이다. 성당 한쪽에는 김대건 기념관이 있는데 문이 닫혀 있었다. 야외에는 그가 타고 온 목선도 모형으로 전시되어 있다. 성당 광장에 앉아서 시원한 물로 갈증을 달랬다.

근거리에 있는 구락부와 은행 건물을 만났다. 구락부라고 표시된 마당으로 들어서니, 요즈음도 숙박이 가능한 강경호텔이 보인다. 지난밤 묵었던 고즈넉한 논산 한옥 마을과는 어떻게 다를지 궁금하다. 1900년대에 회색 톤으로 견고하고 근사하게 지어진 은행 건물을 보면서, 번성했던 지난날 강경 거리의 모습과 지역 주민들의 경제활동을 가늠해 볼 수 있다. 구락부는 은행 건물 앞에 자리 잡고 있었다. 구락부는 클럽의 일본식 발음으로, 현재는 카페로 바꾸어서 운영하고 있다. 내가 마치 그 시대의 사람인 듯 상상하면서 편안한 의자에 앉아 커피 한잔을 청한다. 따끈한 커피 한잔으로 피로가 풀리는 느낌이다. 짭조름한 바다 내음이 담긴 강경 커피라서 더 맛있다.

강경포구는 서울 근교의 한강 변 같아서 옛 포구의 흔적은 어디에서도 찾아 볼 수 없었다. 금강하구 지역이라 예전엔 배가 하루에 백여 척이 왕래했다는데, 지금은 한 척도 보이지 않는다. 폐업한 수상스포츠 시설만 덩그러니 빈 포구를 지키고 있다. 우리는 강둑길을 따라서 강경포구의 바람을 온몸으로 맞으며 걸었다. 하얀 등대가 말 없이 서 있어 옛날에는 배가 다녔음을 어렴풋이 짐작게 한다.

노란색 버스는 언덕을 숨차게 올라와서 우리 일행을 옥녀봉 자락에 토해 냈다. 이팝나무가 흐드러지게 핀 언덕배기에 진한 황토색 집이 자리 잡고 있다. 박범신 소설 《소금》의 배경이 된 곳이다. 마당 건너로 백마강이 내려다보이고, 집 뒤로는 옥녀봉이 있어 아늑한 곳이다. 한 바퀴 둘러보는데 어린 시절의 추억이 잠시 떠오른다. 오래전 박범신의 《풀잎처럼 눕다》라는 소설이 신문에 연재되었는데, 소설의 다음 내용이 궁금하여 매일 아침 신문을 기다렸던 생각이 난다.

야트막한 담장 한쪽 집 안에는 기타와 북과 간단한 살림살이가 보인다. 소설 주인공 선명우가 염전 일을 쉬는 날이면, 지인들을 불러서 술 한 배 돌리고 음식을 나누는 모습이 눈에 선하다. 선명우는

"누구나 가슴속엔 시인이 살고 있네. 시인의 친구가 살고 있네…."라고 노래한다. '맞아, 내 안에도 시인이 있고 화가도 살 수 있지'라고 생각하자 내 안의 시든 꽃이 활짝 피어나는 느낌이다. 소금집 뒷길을 따라 올라가면, 강바람을 쐬기 좋은 벤치가 몇 개 있어 잠시 나그네의 고단함을 달랬다.

벤치가 있는 뒤 언덕에는 봉수대가 있고 그 옆에는 큰 느티나무가 서 있다. 한 여인이 느티나무 아래에서 즉석 창을 부른다. '아, 달고 시고 쓰고 짠 눈물이여~' 하는 가사를 쏟아 낸다. 소설 속 선명우가 오장육부를 쏟아 내는 소리로 노래하는 듯하다. 듣는 이들이 덩실덩실 흥에 겨워서 춤을 춘다. 봉수대에 올라서니 좀 전에 둘러본 강경 근대거리가 손에 잡힐 듯이 보인다.

벌써 내 마음에 그리움으로 남은 강경이 오래도록 잘 보존되기를 바랐다.

《인간과 문학》에 수록됨(2024 여름호, 제46호)

만두와 라비올리

　독일로 이사한 딸의 집을 방문했다. 우리는 이탈리아의 파스타 만들기 요리 강습과 와이너리 방문을 계획했다. 이탈리아 돌로마이트 산 아랫마을의 디 산체스에서 여장을 풀었다.

　딸과 함께 세 가지 파스타와 티라미수 만들기 요리 강습을 받았다. 딸이 운전하는 차를 타고, 올리브나무와 사이프러스가 울창한 작은 마을에 있는 고풍스러운 집을 찾아갔다. 멀리 만년설이 보이는 바닷가 집의 넓은 뜰에는 올리브나무들이 줄지어 서 있는데, 햇볕에 반짝이는 이파리들이 마치 꽃이 핀 듯 화사했다.

　올리브나무 아래에서 우리에게 파스타 요리를 가르쳐 줄 마리아와 그녀의 애완견 몰리가 우리를 반갑게 맞이했다. 마리아는 요정처럼 작은 여인인데, 이탈리아 악센트가 강한 영어로 이야기했다. 그녀의 이탈리아 요리에 대한 자부심은 대단히 강했다. 우리는 날씨 이야기로 대화를 시작하며, 아름다운 집의 현관으로 걸어갔다. 그 저택은 마리아 부모님의 집인데, 다른 곳에 거주하는 마리아가 부엌에서 가끔 요리 강습을 한다. 고가구와 벽에 걸린 그림들, 오래된 주방기구 등이 절묘하게 잘 어울렸다. 심지어 화병에 꽂힌 약간 시든 꽃들조차 멋스러웠다. 식탁에서 내다보이는 바다를 응시하니 마치 내가 영화 속의 배우가 된 듯했다.

　우리는 손을 씻고, 앞치마를 둘렀다. 마리아가 일반 밀가루와 소말리나의 원산지와 배합 비율을 차근차근 설명했다. 마리아는 강한 이탈리아 악센트의 영어로, 각자의 용기에 파스타 반죽하는 요령을 열심히 설명한다. 손힘이 좋은 남편과 딸의 반죽은 이미 탄력이 느껴진다. 평소 요리에 전혀 관심이 없던 남편은 나의 염려가 무색하게 강습을 잘 따라 한다.

　파스타 반죽이 냉장고에서 숙성되는 동안, 우리는 바질과 올리브유, 마늘, 소금 등을 넣어 페스토 소스를 만들었다. 예쁜 녹색의 페스토 소스는 말차의 녹색과 흡사하다. 고기와 토마토 퓌레, 잘게 썬 채소를 넣고 팬에 보글보글 지글지글 끓여 '라구' 소스를 만드니, 그 냄새에 입에 군침이 고인다. 세 가지 치즈를 섞어서 라비올리를 채울 속도 만들었다. 달걀흰자와 노른자를 분리하여 거품을 내어 티라미수 준비도 하였다.

　그러는 동안 냉장고의 파스타 반죽이 적당히 숙성되었다. 면을 뽑는 틀에 반죽을 넣어 스파게티 면을 뽑았다. 라비올리를 만들기 위해 라자냐 면을 만들고, 페스토 소스를 곁들일 넓적한 면도 뽑았다. 남편은 면을 뽑는 틀을 수동으로 돌리느라 신바람이 났다. 틀의 면 두께 조절을 담당한 딸과 함께 일하는 모습이 보기에 좋았다. 라자냐에 들어가는 속은 고기나 버섯 등으로 대체하기도 한단다. 라자냐 만들기는 마치 한국의 만두 빚기와 비슷하다.

설달그믐날이 되면 가족이 동그랗게 둘러앉아서 만두를 빚던 생각이 났다. 어머니는 두부와 삶은 숙주의 물기를 베 보자기로 짜고, 고기와 김치를 다져 속을 만들었다. 접은 상에 밀가루를 뿌리고, 반죽을 빈 됫병으로 밀어, 얇고 넓게 만드는 것은 내 몫이었다. 반죽을 밀다 보면 손바닥이 빨갛게 되어 간지럽기도 하고, 부풀어 오르기도 했다. 양은 주전자 뚜껑으로 넓게 편 반죽을 눌러 만두피를 찍어 냈다. 방바닥에 앉아 일하다 보면 발도 저리고, 놀고 싶어서 짜증도 났다. 설달그믐 밤에 잠들면 눈썹이 하얗게 센다고, 밀가루를 서로의 얼굴에 바르며 장난을 치기도 했다.

그렇게 많이 빚은 만두를 추운 장독대에 올려 두고, 만둣국을 자주 끓여 먹었던 생각이 난다. 떡국에 동동 뜬 만두는 만든 사람에 따라 모양이 달라서 재미있었다. 때로는 만두피가 얇아서 터진 만두도 있었다. 요즈음은 만두피를 사다가 만두를 빚거나, 냉동만두를 사용하니 편리한 세상이다. 이런저런 만두의 추억을 생각하니 힘들었으나 정이 묻어나던 옛날이 그립다.

미국에서 태어나고 성장한 딸과 함께, 추석이면 송편을 빚고 설날에는 만두를 빚어 떡국을 쑤어 먹곤 했다. 딸은 독립하여 혼자 살면서도 새해가 되면 만두를 빚고 떡국을 끓여 먹는다. 이런 딸이 대견하기도 하고, 멀리 살아서 함께 명절을 쇠지 못해 마음이 짠하다.

라비올리도 만두처럼, 끝을 잘 오므리지 못하면 터진단다. 그래서 포크로 오므린 라비올리의 가장자리를 꼭꼭 눌러서 터지지 않게 단

도리도 하고, 빗살무늬 문양을 내어 멋을 부렸다. 마리아가 만든 견본을 보고 따라 했지만, 우리가 만든 라비올리는 각기 모양이 달라서 웃음을 자아냈다. 만들어진 파스타 면을 삶고, 라비올리도 끓는 물에 넣어 익혀서 준비된 소스를 곁들였다. 시원하게 식힌 달걀 거품과 계란쿠키, 콜드브루 커피로 티라미수도 완성했다.

앞치마를 벗고 정원으로 나가서 싱그러운 바닷바람에 요리 강습의 열기를 식혔다. 마리아가 미리 준비한 부르게스타와 로제 와인을 음미했다. 뒤이어 테이블 위에 작은 전람회가 열렸다. 우리가 요리한 역작들이 차려졌다. 음식은 어느 것 하나 나무랄 데 없이 보기에 좋았고 맛도 훌륭했다. 차가운 로제 와인은 세 시간이나 걸린 요리 강습의 긴장을 풀기에 적당했다. 나는 가족이 함께 아름다운 자연 속에서 직접 요리를 하고, 와인과 맛난 음식에 곁들여 담소했던 소중한 추억을 오랫동안 간직하고 싶다.

더 늦기 전에 알래스카

경비행기를 타고 빙하 계곡을 둘러보다

알래스카는 1867년에 미국이 윌리엄 슈워드 국무장관 재직 시, 러시아 제국으로부터 720만 달러에 산 영토로 면적은 160만 제곱미터다. 알래스카 매입을 반대하는 여론이 많았다. 알래스카에는 석유, 철, 금, 구리 등 지하자원과 침엽수림의 목재, 석탄, 천연가스 등이 풍부해서 그 값을 충분히 하고도 남았다. 알래스카는 미국에서 면적이 가장 큰 주이며 2차 대전 중에는 일본의 적대적 활동 때문에 방어 시설이 설치되기도 했다.

에스키모 등 원주민은 전 알래스카 인구의 17% 정도이다. 인구가 너무 적어서 한동안 미 정부는 알래스카 이주민들에게 많은 정착금을 지급하기도 했다. 그렇게 알래스카에 정착한 한국 사람들도 더러 있다고 들었다.

경비행기를 타고 빙하 계곡을 둘러보기 위해서 삼삼오오 줄을 서서 대기하였다. 그중에는 연로하신 여자 두 분도 동행했다. 조종사가 나를 지정하여 오늘 비행의 부조종사라고 하며 앞자리에 앉게 했다. 남편은 연로하신 두 분을 부축하여 뒷좌석에 앉았다. 나는 조종사의 지시에 따라 버튼도 누르고 작은 스틱도 당기며 미력하나마 조력을 했다. 산과 빙하 계곡 사이를 아슬아슬하게 다니며 이곳저곳 둘러보았다.

하얀 설산과 끝없이 펼쳐지는 반짝이는 빙산은 아름답고 경이로웠다. 뒷좌석의 한 분이 8년 전에도 왔었는데, 그때보다 얼음 언덕이 아주 작아졌다고 말했다. 이미 사오십 년 전 정도에 지구 온난화는 진행 중이었는데, 우리는 심각하게 생각지 못했다. 비행기가 빙하 언덕에 잠시 착륙했을 때, 남편이 배낭에서 위스키를 꺼내서 작은 빙하얼음 한 쪽을 띄운 다음, 일행과 홀짝홀짝 음미하였다. 짜르르하게 혀 밑에 감도는 위스키의 강렬함이 마치 빙하를 보는 황홀감에 견줄 만했다.

황금에 눈이 멀어서

부슬부슬 비가 내리는 날, 우리는 사금광산에 도착했다. 광산의 직원이 한 사람당 하나씩 작은 모래주머니를 나누어 주었다. 우리는 수돗가로 흩어져서 주머니의 모래를 아주 얕은 대야에 담았다. 그리고 대야에 물을 받아서 마치 옛날에 쌀을 일어서 돌을 찾듯이, 모래를 일어서 작은 사금 조각들을 찾았다. 모두 금 찾기에 여념이 없었다. 가벼운 모래들은 물에 쓸려 나가고 작은 대야에 가라앉은 사금이 소량 모였다. 우리는 여러 번의 물질 후에 남은 소중한 사금을 가지고 상점 안으로 들어갔다. 사금을 담을 아주 작고 예쁜 용기와 금줄을 사서 다들 나만의 목걸이를 만들어 목에 걸고 즐거워했다. 황금에 눈이 어두워서 열심히 물질하던 사람들의 열기가 비 맞은 추위도 잊게 했다. 결국은 입장료에 포함된 모래주머니보다 목걸이 줄 구매에 훨씬 많은 돈을 지불했음에도 사람들은 아랑곳하지 않았다. 목걸이는 그해 겨울, 딸에게 생일 선물로 주었다.

투명한 다이아몬드처럼 빛나는 빙산

알래스카에 왔으니 개들이 끄는 썰매를 타고 설원을 신나게 달려 보는 것도 좋겠다고 생각했다. 조금은 마음이 끌렸으나 개들을 보니 불쌍한 생각이 들어서 썰매를 탈 생각이 없어졌다. 비용도 만만치 않았는데, 우리가 썰매를 탄다고 개들에게 더 혜택이 주어지지 않는다는 생각이 들었다. 인간의 상술에 이용되는 개들에게 연민을 느꼈다.

우리는 배를 타고 바다에 떠 있는 빙하를 보러 갔다. 빙산이 녹아서 흐르는 강물은 석회 성분이 높아서 뿌옇게 보였고 물살은 제법 빨랐다. 공기가 차서 몸을 움츠리고 옷깃을 여미었다. 파이어 플라워라 불리는 핑크색 잔잔한 꽃들이 드문드문 강가에 피어 있어서 황량함이 조금 덜했다. 배가 점점 더 넓고 깊은 바다로 진입하는 중 바삐 움직이는 수달 무리를 만났다. 귀여운 모습의 수달들은 고기를 잡기 위해 자맥질을 하며 애교를 떨어서 우리 일행을 즐겁게 했다. 나는 연신 셔터를 눌렀다. 재빠르게 움직이는 수달들과, 달리는 배의 속도 때문에 좋은 사진을 찍을 수 없어서 아쉬웠다.

배는 서서히 빙산 가까이 다가갔다. 투명하다 못해 푸른빛이 도는 빙산은 신비하고 아름다웠다. 마치 큰 보석 덩어리 같은 빙산을 보느라 반쯤 넋을 놓고 있는데 갑자기 '쿵' 하는 소리가 들렸다. 아주 크고 청아한 소리였는데 빙산 일부분이 녹아 바다에 떨어지며 내는 울림이다. 지금도 그 소리가 귓가에 들리는 듯하다.

연어들의 비상

이튿날 우리는 인디언 마을을 돌아본 후에 연어들의 비상을 보기 위해서 작은 마을의 계곡으로 갔다. 경사가 심하고 물줄기는 제법 세게 흘러내렸는데, 수많은 연어가 물줄기를 거슬러서 올라가고 있었다. 허들 경기를 하듯 장애물을 넘어가는 연어들은 마치 묘기 대행진을 하는 듯했다. 연어들은 있는 힘을 다해 강 상류로 비상하고 있었다. 더러는 실패하기도 하였으나 대부분 상류로 올라갔다. 연어들의 비상이 신기하여 열심히 셔터를 눌렀으나, 연어들이 셔터 속도보다 빨랐다. 연어들은 자기가 태어난 하천으로 다시 돌아와 알을

낳는 모천회귀(母川回歸) 본능을 갖고 있다. 우리가 고향을 그리워하고 있는 것과 같다. 숙소로 돌아가는 길에 노을이 붉게 물들어서 아름다움을 더했다. 물든 강가를 배경으로 연어를 낚는 강태공들의 모습이 평화롭고 아름다웠다.

 알래스카의 빙산이 오래도록 지구를 지켜 주기를 기도한다.

<e트레블뉴스>에 게재 (2024년 4월 14일)

육진영

· 나의 사랑의 도시, 마드리드
· '무렝게티'에서의 하룻밤
· 코베아 캠핑 축제
· 마라토너를 꿈꾸며
· 종합운동장으로 가는 길

작가노트

외신기자로 경제 뉴스를 몇 년간 다뤄 오다 새로운 글쓰기 방식을 배우기 시작했습니다. 아직은 수필가로 인정받기 위해 나에게 맞는 색깔을 찾아 가는 과정입니다. 겁도 없이 찾아 나선 이 길이 어떤 결실을 볼지 아직은 알 수 없지만 좋은 선배님들을 만난 행운아임은 틀림없어 보입니다. 모든 게 감사할 따름입니다.

산들문학회 회원
《Korean Film Directors: Hong Sangsoo》 영어 번역

jessii309@icloud.com

나의 사랑의 도시, 마드리드

 윤기가 흐르는 카멜색 캐시미어 코트를 걸친 여인이 남편과 손을 꼭 잡고 우아한 자태로 길을 걷고 있었다. 등이 약간 굽은 부부는 팔십은 넘어 보였다. 저녁 식사를 마치고 집으로 돌아가는 것 같았다. 대화를 나누는 것도 아니었지만 뒷모습만 봐도 서로를 아끼는 면모가 보였다. 이 부부 덕분에 스페인, 마드리드는 내게 사랑의 도시로 기억된다.
 내가 잠시 살았던 영국과는 대조적인 모습이었다. 어느 날 놀러 간 런던 근교 공원에서 60대로 보이는 부부가 사진을 찍고 있었다. 아담한 키에 통통한 부인은 카메라 담당이었다. 뭔가 마음에 들지 않았는지 시키는 대로 좀 하라고 짜증스럽게 말하며 앞서서 걸었다. 영국 신사답게 날씬하고 키가 큰 남편은 허공을 향해 팔을 한번 들어 올리고는 체념한 듯 그녀를 따라갔다. 어느 나라건 이게 내게 익숙한 일반 부부의 모습이었다. 오래된 부부들은 이렇게 티격태격하며 짜증을 쉽게 내는 걸로 알았다.
 그러나 스페인은 달랐다. 다정한 부부의 모습은 마드리드에서 자동차로 한 시간 거리의 톨레도로 가는 길에서도 목격했다.
 스페인의 옛 수도를 찾기 위해 버스터미널에서 기다리던 중이었다. 소피아 로렌처럼 한껏 멋 부린 성숙미가 넘치는 여성이 우리와 같은 버스에 탑승했다. 그녀와 이별 키스를 한 남성은 손 키스를 연신 날렸다. 떠나는 우리 버스를 향해 모델처럼 윤곽이 뚜렷한 그 중년의 신사는 계속 손을 흔들었다. 벌써 그녀를 그리워하는 듯 보였다. 그런 진심 어린 배웅은 다른 어느 나라에서도 보지 못했었다. 떠나가는 배우자를 향한 그 애틋함.

이 나라는 어떠한 역사가 있기에 이렇게 배려심 깊은 사랑의 감정을 표현할까. 그런 다정다감한 감정이 생기게 하는 뭔가를 어디에서 찾을 수 있을까. 나는 그러한 의문에 대한 답을 프라도 미술관에 전시된 한 작품에서 찾았다. 어디에서도 볼 수 없는 가장 사랑스러운 한 여인의 초상화였다.

한때 세계를 제패했던 스페인의 웅대함을 보여 주는 프라도 미술관은 값어치를 매길 수 없는 귀한 작품들로 넘쳐난다. 런던의 내셔널 갤러리나 파리의 오르세와 오랑주리 미술관들과는 비교할 수 없을 정도라 생각된다. 런던과 파리에서 느꼈던 화려함보다는 마드리드에서는 역사의 깊이가 느껴졌다. 우리가 스페인에 대해 이렇게 모르는 게 많구나 하며 겸손하게 되었다.

나의 시선을 멈추게 한 작품은 스페인의 낭만주의 선두 주자인 페데리코 데 마드라조 이 쿤츠(Federico De Madrazo Y Kuntz)가 1853년 그린 〈백작 부인 아말리아 데 라노(Portrait of Dona Amalia de Llano y Dotres, Countess of Vilches)〉 초상화이다.

사랑스러운 미소를 띠고 편안한 자세로 오른팔을 괴고 앉아 있는 그녀는 눈부시게 아름다웠다. 루브르 박물관에 전시된 〈밀로의 비너스〉 조각상에서 풍기는 우아한 자태가 느껴졌다. 디에고 벨라스케스의 작품 〈스페인 왕녀 마르가리타 테레사〉와 〈시녀들〉에서 그려진, 사랑을 듬뿍 받으며 자란 소녀의 얼굴도 보였다.

파란 드레스를 입은 그녀는 어두운 배경 덕분에 아름다움이 더 부각됐다. 왼손에 깃털을 단 펜을 들고 있어 그녀가 작가임을 짐작하게 한다. 실제로 그녀는 《Ledia》와 《Berta》라는 소설책 두 권을 발표했다. 1822년 바르셀로나에서 태어나 1874년 52세의 나이에 마드리드에서 영원히 잠들었다. 스페인에 대해 아는 게 없어 그녀의 발자취는 잘 알지 못한다. 19세기 마드리드 문화계에 큰 영향력을 행사했다는 정도이다. 우리나라에도 알려진 바가 별로 없다. 그래서 그녀의 초상화가 내게 신선한 충격을 주었나 보다. 모르기 때문에 상상력을 더 발휘할 수 있었다.

애교가 넘치는 그녀의 눈빛을 보면 그 시대에 살았던 여인 중 누구보다 사랑을 듬뿍 받았을 것 같다. 저런 부인이라면 같이 산책하던 남편은 손을 꼭 잡고 싶었을 것이다. 그녀가 어딘가 여행을 떠난다면 남편은 벌써 그리워하며 그녀를 배웅했을 것이다. 그녀는 어느 나라에서도 느끼지 못한 인상을 풍겼다. 여성 초상화 하면 떠올리는 레오나르도 다빈치의 〈모나리자〉나 요하네스 베르메르의 〈진주 귀고리를 한 소녀〉 등을 잊게 했다. 그녀에게 반한 나는 그녀의 초상화를 담은 기념품을 구매했다.

  프라도 미술관은 백작 부인의 초상화에서 느낄 수 있는 따스함을 간직했다. 그곳에서 본 한 폭의 초상화와 길거리에서 경험한 스페인 사람들의 일상은 십몇 년이 지난 지금까지도 잊히지 않는다. 나도 늙어 가면서 그들처럼 서로를 사랑하는 부부가 되고 싶다. 남편이 어디 혼자 여행을 간다고 하면 해방감부터 느끼지 않으려고 노력한다. 길을 걸을 때 자연스럽게 남편의 손을 잡을 것이다. 한국은 그런 커플을 보면 불륜일 거라 단정 지어 버린다. 우리 주변에도 아름다운 작품으로 가득하면 좋겠다. 그러면 우리의 생각도 바뀔지 모르겠다.

'무렝게티'에서의 하룻밤

　천상천하 유아독존이라 하지만 모든 걸 홀로 헤쳐 나갈 필요는 없다. 더 멋진 박지를 가기 위해 경험자의 도움을 찾았다. 주변에 백패킹을 하는 지인은 전무하여 네이버에 등록된 '캠퍼우먼'이라는 카페에 가입했다. 때마침 초보 백패커들의 경험을 넓혀 주기 위해 무의도로 백패킹을 간다는 공지가 떴다. 이건 무슨 일이 있어도 참가해야 했다. 3대 백패킹 명소로 손꼽히기도 하는 곳이면서 한국의 세렝게티로 알려졌기 때문이다.

　얼마 전까지만 해도 배를 타고 가야 했지만 2019년 무의대교가 개통되면서 영종도에서 바로 갈 수 있다. 공용주차장도 잘되어 있어 주말 인파만 잘 피하면 쉽게 다녀올 수 있는 곳이다. 그래서 백패커들이 단체로 하는 떼캠을 즐기거나 퇴근하고 바로 캠핑하는 퇴근박이 가능하다.

　내가 다녀온 4월 마지막 주말은 관광객들로 붐볐다. 초여름의 화창한 날씨를 즐기러 왔나 보다. 백패커뿐만 아니라 관광버스를 타고 온 단체 등산객과 금요일 저녁부터 낚시를 즐기러 온 사람들로 주차장은 넘쳐흘렀다. 간신히 무의광명항 공영 주차장에 차를 대고 나와 동행해 줄 백패킹 메이트들을 찾아 나섰다.

유튜브에서 본 '큰언니캠핑', '캠퍼우먼' 운영진들, 그리고 초보 백패커들로 10명의 그룹이 만들어졌다. 우리는 한 시간가량 산을 타고 해변에 깔린 돌 더미 위를 걸어 무의도의 세렝게티, 일명 '무렝게티'로 갔다. 이날은 일행들과 같이 먹고 마시며 즐기기 위해 족발, 편육, 냉동 순댓국, 체리토마토, 그리고 맥주 한 캔을 갖고 가느라 배낭 무게가 15㎏을 넘어 버렸다. 무게를 줄여 보겠다고 거금을 들여 경량 배낭을 구매했지만 소용없게 되었다. 지난겨울에 멨던 배낭보다 더 무거워졌다.

산길로 난 길을 15분 정도 걸으니 푸른 바다가 펼쳐졌다. 서해는 갯펄 바다라고 알고 있었는데 동해 못지않은 푸르름을 품고 있었다. 산을 타고 가면서 내려다본 해안가는 외국 같았다. 해외에서 원정 백패킹을 하고 있다고 착각할 정도였다. 무거운 배낭을 메고 처음 본 낯선 사람들과 걷는데도 즐거웠다.

백패킹 경험이 많은 리더를 따라가니 가장 좋은 포인트에서 사진을 찍을 수 있었다. 간조 시간을 알고 물때 시간에 맞춰 우리는 해안길을 걸었다. 대문처럼 솟아오른 절벽을 타고 올라 포즈를 취해 봤다. 낯가림이 심한 나도 이날은 자유롭게 카메라를 향해 손을 흔들었다. 덕분에 인생샷을 남길 수 있었다. 박지로 가는 길은 바윗길이라 조심해야 했다. 높은 산을 오르는 건 아니었지만, 돌길과 흙길을 모두 경험할 수 있어 주변 환경을 보는 재미에 지루할 틈이 없었다.

어느새 우리는 박지에 도착했고 10개의 텐트를 세울 수 있는 자리를 물색했다. 리더의 지시에 따라 일사불란하게 바다를 바라볼 수 있는 바로 앞에 자리를 잡았다. 앞은 바다이고 뒤는 깎아지른 절벽이 장관을 이뤘다. 이곳을 여러 번 왔다는 '큰언니캠핑'은 이렇게 좋은 날씨는 처음이라며 우리 중에 날씨 요정이 있는지 찾았다. 나는 좋은 풍경을 담고 싶어 연신 사진을 찍었다.

이날은 경량 배낭과 더불어 새로 장만한 텐트를 개시하는 날이었다. 악천후에 잘 버티면서 바닥면적을 덜 차지하는 텐트여서 큰마음을 먹고 구매했다. 붉은색이라 안에 조명을 켜면 텐풍이 예쁘기 때문에 선택하기도 했다. 장비 욕심은 끝이 없어 보인다. 백패킹과 캠핑을 다닐수록 사고 싶은 물품들이 추가된다. 물품과 더불어 갖고 가는 음식도 다양해진다.

잠자리를 마련한 우리는 테이블과 의자를 조립해 먹고 마시며 즐길 준비를 했다. '노동주'로 가져간 맥주 한 캔을 따고 일행이 풀어놓은 안줏거리로 그날 밤의 잔치는 시작됐다. 한 분은 우리를 즐겁게 해 주기 위해 얼음까지 챙겨 와서 하이볼을 제조했다. 누군가 가져온 도마 위에 레몬을 썰어 개인 컵에 일일이 탄산수를 붓고 위스키를 따라 줬다. 처음 보는 사이였지만 우린 서로에게 인심이 후했다. 아줌마들이 모여서 그런지 먹거리는 풍부했다. 열심히 단백질과 탄수화물을 보충해 주며 석양을 즐겼다. 해가 저물면서 바다 위로 반사되는 반짝이는 황색 빛의 아름다움에 우리는 다시 한번 취했다.

땅거미가 내리자 바람이 불기 시작했다. 이른 봄이다 보니 낮과는 달리 저녁의 바닷바람은 쌀쌀했다. 가져온 옷들을 꺼내 겹겹이 입었지만 바람은 옷을 뚫고 들어와 한기를 느꼈다. 한여름이 아닌 이상 바닷가나 산 정상은 저녁에 기온이 많이 내려가니 보온을 위해 경량 패딩은 꼭 챙겨야겠다.

체온을 유지하기 위해 우리는 더 열심히 먹었다. 일행들이 가져온 비화식으로 많이 알려진 '핫앤쿡'의 라면도 다 같이 나눠 먹었다. 내가 가져간 냉동 순댓국은 모두에게 환영받았다. 무게를 늘린 보람이 있었다. 무의도에서는 화기 사용이 가능하다. 버너와 코펠도 가져갔기에 따끈하게 데워 먹을 수 있어서 인기였다.

밤은 깊어지고 추위도 심해져 콧물이 났다. 건강한 아침을 맞이하기 위해 어쩔 수 없이 텐트 안으로 들어갔다. 젊은 세대들은 역시 잘 버텼다. 나는 침낭 안에서 체온을 보존하고 있는데 그들은 밖에서 한참을 조곤조곤 대화를 이어 갔다. 몸은 지치고 배는 불러 잠을 청했지만, 밤낚시를 즐기는 낚시꾼들이 이동하느라 모터보트 소리가 굉음을 내며 지나가 중간중간 잠에서 깼다. 그러다 텐트 밖에서 빛이 들어왔다.

텐트 문의 지퍼를 내리고 고개를 내미니 밖은 고요했다. 어제는 오른쪽에서 석양을 봤는데 오늘은 왼쪽에서 해가 떠오른다. 바위들 위로 해가 올라오는 게 보였다. 동료 백패커들도 슬슬 텐트 밖으로 나오기 시작했다. 코펠에 물을 따르고 버너를 켜 커피를 마실 준비를 했다. 아침에 먹으려고 놔뒀던 방울토마토를 꺼냈다. 전날 그릏

게 많이 먹었는데도 아침이 되니 배가 고팠다. 다들 또 뭔가 먹을 것을 꺼내기 시작했다. 과일들이 여기저기서 나왔다. 아줌마들이라 그런지 먹는 건 또 진심이다. 먹는 게 떨어질 일이 없다. 그러면서 살을 뺀다고 레몬수도 만들어 마신다.

다행히 아침엔 바람이 멈춰 추위가 가셨다. 햇볕도 따뜻해져 눅눅해진 텐트를 말릴 수 있었다. 바다 쪽은 습기가 많아 텐트 바닥이 젖을 정도였다. 바람이 강해 환기를 잘 하지 않아 텐트 안의 결로도 심했다. 텐트를 제대로 말리지 않으면 곰팡이가 필지 모르니 신경을 써야 했다. 한두 푼 주고 산 텐트가 아니니까 더 그렇다. 침낭이 젖지 않았는지도 확인하며 배낭을 다시 싸기 시작했다. 아쉽지만 집으로 돌아갈 준비를 했다.

배낭을 다시 꾸리고 쓰레기를 담은 가방을 옆에 묶었다. 그리고 우리는 출발할 때의 무게와 비교하기 위해 다시 배낭 무게를 쟀다. 이번엔 12㎏이 나왔다. 물과 음식물의 무게가 고스란히 빠진 것이다. 쓰레기 무게까지 뺀다면 10㎏이 된다. 앞으로 짐을 쌀 때 참고할 만했다.

가방을 메고 주변을 살펴 버려진 쓰레기는 없는지 챙겼다. 그리고 우리들의 모임을 기념할 사진을 찍었다. 하룻밤 정도만 같이 지냈을 뿐인데 왠지 모를 동지애를 느끼며 헤어지는 게 아쉬웠다. 다들 멋지게 산다는 존경심이 들면서 또 만나고 싶다는 생각이 들었다. 남자들의 전유물이라 여겼던 캠핑을 여자들끼리 만나 한다는 게 마치 여성해방운동인 것처럼 느껴졌다.

　큰일이다. 백패킹이 너무 재미있다. 체력이 된다면 매일 나가고 싶다. 무의도를 통해 섬 백패킹의 재미를 알았으니 다음에 찾아갈 백패킹 성지로 알려진 섬들을 물색해 본다. 굴업도의 개머리언덕, 전남의 개도, 통영의 매물도, 그리고 제주도의 비양도. 생각만으로도 가슴이 두근거린다.

코베아 캠핑 축제

　오토캠핑을 할 때마다 같은 텐트에서 지내다 보니 새로운 걸 갖고 싶었다. 찾다 보니 코베아에서 신형 텐트를 출시한다는 걸 알게 되었다. 기능과 성능 대비 가격이 저렴해 보여 출시일에 바로 구매했다. 나의 결정을 응원해 주는 듯 회사 홈페이지에 5월 18~19일, 이틀간 캠핑 축제를 개최한다는 공지가 떴다. 응시해서 당첨만 되면 무료로 자라섬 캠핑장에 갈 수 있었다.

　올해로 열여덟 번째인 KOCAF(Kovea Camping Festival)은 코베아가 설립 30주년을 기점으로 2012년부터 시작한 오토캠퍼들을 위한 축제이다. 우리나라에서 단일 브랜드가 주최하는 최대 규모의 캠핑 행사일 것이다. 별 기대는 하지 않고 신청했는데 뜻밖의 문자를 받았다. 축하한다는 글과 함께 내가 지낼 사이트 안내도 함께 했다. A-152 사이트. 한 번도 가 본 적이 없지만 그 숫자에 가평에 있는 자라섬 캠핑장이 얼마나 방대한지 가늠해 본다.

　코베아 캠핑 축제에 자사 브랜드의 텐트와 타프를 소지한 300가구가 초대되었다고 한다. 그 많은 인원을 수용할 수 있는 곳은 많지 않을 것이다. 그래서 큰 규모의 캠핑 관련 야외 행사가 열릴 때는 자라섬 캠핑장이 많이 거론된다.

자라섬은 1943년 청평댐이 완공되면서 생겼다. 2008년에 전 세계 캠핑 애호가들의 축제인 '세계 캠핑·캐라바닝 대회'를 개최한 이후 국내의 많은 캠퍼들이 이곳을 찾게 되었다. 캠핑 사이트뿐만 아니라 국제 재즈 페스티벌까지 개최할 수 있는 공간도 제공한다. 카라반과 오토캠핑장 자리를 합하면 거의 300개가 된다고 하니 어마어마한 규모이다.

이런 행사는 혼자 가면 외로웠을 것이다. 남편과 딸이 같이 가 줘서 의미가 있었다. 처음이라 헤매는 것도 있었다. 자라섬에 도착하면 바로 등록해야 하는데 오해가 있었는지 입구에서 그냥 통과시켜 줬다. 텐트가 없는 사이트는 몇 개 보이지 않았다. 빨리 텐트를 세우고 싶은데 남편은 배가 고프다고 난리를 친다. 이런 행사가 처음이고, 혼자 하는 게 아니라서 계획대로 되는 게 없었다.

새로 장만한 텐트부터 치고 간식을 먹으려 했지만 배고픔을 참기 힘들어하는 남편을 위해 보랭 가방부터 꺼냈다. 입장 시간에 맞춰 11시에 도착하고 싶었지만, 가족 캠핑이라 늘어난 짐을 챙기느라 지체되었고 토요일이라 야외로 놀러 가는 차들로 길이 막혀 1시가 다 되어서야 도착했기에 이해는 갔다.

5월의 봄이었지만 한여름과 같은 햇볕 아래 대형급 터널형 쉘터를 세우는 건 쉽지 않았다. 폴대가 3개만 있어서 다행이지 더 복잡한 구조였다면 너무 힘들었을 것이다. 미리 공부하고 가서 짧은 시간 안에 이너텐트까지 설치할 수 있었다. 새로운 텐트를 치다 힘들어 부부 싸움을 하는 경우가 많다고 들었는데 우리는 그런 고비는 없었다.

 텐트 안은 지열로 인해 이미 후덥지근했다. 얼른 텐트 지퍼들을 열고 문들을 개봉해 공기를 순환시켰다. 다행히 그늘진 곳은 선선해서 선풍기까지는 필요하지 않았다. 남편은 여전히 배가 고프다며 먹을 걸 찾아 나서 눈에 보이는 첫 번째 지점인 편의점에서 얼음 컵과 과자 봉지 하나를 사서 왔다. 주변에 먹거리 장터가 있다고 해도 일단 목표를 달성한 남편은 더 이상의 모험을 거부했다. 잠시 후 그늘진 데크 위에 돗자리를 펼쳐 낮잠을 잤다. 나는 짐 정리를 하고 편의점 냉커피를 마시며 잠깐 쉬었다. 이내 후발 주자인 딸, 수현이가 합류했다.

 잠에서 깬 남편은 밥 타령을 이어 갔다. 참가자들을 위해 7시부터 화려한 공연이 시작된다고 하니 그 전에 식사를 해결해야 했다. 주변에 시끌벅적한 음악 소리, 행사 진행 소리가 들리지만 둘러볼 틈도 없이 저녁 준비를 시작했다. 냄비밥부터 지었다. 고기를 구워 먹기 위해 화력이 좋은 스토브를 장만했는데 여기서 개시했다. 정신없이 돼지 목살과 뽈항정살을 구워 먹고 나니 남편이 매우 만족스러워했다.

 이젠 페스티벌을 제대로 즐길 차례가 되었다. 공연이 열리는 무대로 가기 위해 우리 셋은 의자와 작은 테이블을 들었다. 가는 길에 우리를 통과시켜 줬던 접수 부스를 지났다. 뭔가 석연치 않아 아직도 자리를 지키고 있는 직원에게 말을 걸었다. 그냥 들여보내서 사이트에 텐트를 설치했는데 등록하는 게 없는지 물었다. 돌아온 답변은 의외였다. 그럴 리 없다고. 아직 한 명이 접수하지 않아 기다리고 있다고 했다. 그게 나였다. 서로 황당해했다.

그때 접수를 하지 않았다면 페스티벌 참가자들만을 위한 알찬 선물 세트를 담은 캠핑 박스도 챙길 수 없었을 거다. 오랜 역사를 자랑하는 캠핑용품 업체의 선물 꾸러미는 풍성했다. 캠핑 사이트 정리를 위해 꼭 필요한 쓰레기봉투에서부터 음료수, 음식, 이소 가스, 캠핑용품 등등 많은 게 들어 있었다. 자라섬 캠핑장 하루 이용 금액 3만 원도 무료인데 이런 선물까지 받으니 코베아에 대한 애정이 샘솟았다.

초대 가수는 더욱더 축제의 분위기를 고조시켰다. 모두가 아는 형님인 민경훈과 흥을 한껏 올려 주는 다이나믹 듀오가 출연했다. 많이 알려진 캠핑 페스티벌이다 보니 식음료를 파는 코너들도 다양했다. 음식을 적정 가격에 편하게 구입하고 바로 코앞에 유명 가수들의 공연을 즐길 수 있었다. 이런 행사에 당첨된 게 뿌듯했다. 남편, 대학생 딸, 그리고 나까지, 우리 셋을 만족시킨 축제였다.

연장에 연장을 이어 9시를 넘겨 버린 공연은 불꽃놀이로 마무리됐다. 11시 이후는 매너 타임이라서 우리만의 이벤트를 위해 사이트로 빨리 돌아왔다. 텐트와 가스스토브에 이어 새로 장만한 이중 연소 장작 화로대를 개시하기 위해서다. 이중벽 구조의 화로대는 장작을 태우고 남는 재가 많이 없어 편했다. 그리고 불통 자체가 상대적으로 깊어 바람의 영향을 덜 받아 지금과는 다른 불멍을 즐길 수 있었다.

하룻밤만 자는 일정이라 바빴다. 준비한 것들을 다 하며 두 시간 동안 열심히 캠프파이어를 즐겼다. 불이 재가 되었을 때 조용히 주변을 정리하고 잠자리에 들었다. 많은 캠퍼가 한자리에 모여 있다 보니 늦게까지 흥에 취해 떠드는 사람들도 있었다. 우리 남편을 비롯해 여기저기서 드르렁 코 고는 소리에 잠을 설쳤다. 소음에 예민한 나지만 다른 요인들이 아직도 나를 캠핑으로 유혹한다.

홀로 자연 속에서 하는 캠핑이 아니라 편한 점이 또 있었다. 참여업체가 다음 날 아침 일찍부터 요깃거리를 판매해서 먹을 것을 많이 챙겨 갈 필요가 없었다. 남편에게 음식 구매를 부탁했다. 딸과 나는 짐을 정리했다. 둘이 몇 번 캠핑을 다녀서 그런지 손발이 척척 맞았다. 주변에서는 남편들이 텐트를 정리하느라 바쁜데 우리는 상황이 뒤바뀌어 있었다. 내가 하고 싶은 캠핑이라 누구보다 적극적으로 하게 된다.

코베아가 주최한 아낌없이 주는 캠핑 축제에 참여하려면 높은 경쟁률을 뚫어야 한다. 그렇기에 초보 캠퍼인 나한테는 잊지 못할 추억이 생겼다. 북적거림 속에도 충분한 힐링을 할 수 있는 이러한 행사는 언제든지 환영이다.

마라토너를 꿈꾸며

 어려서 그렇게 잘도 뛰어다녔는데 언제부터인가 걷는 것조차 버거워졌다. 앉았다 일어서는 데도 관절 마디에 통증이 느껴진다. 앞으로 살아갈 날들이 걱정될 정도로 어기적대며 걷기도 한다. 시간은 나를 기다려 주지 않는다. 이 몸도 나를 기다려 주지 않는다. 신체의 퇴화는 내가 원하지 않아도 진행된다. 나 자신이 한심하게 느껴진다. 그러기에 다시 한번 도전해 보고자 한다.
 무거워진 몸을 소파에서 일으켜 세우기는 쉽지 않다. 누워서 보던 유튜브 영상을 단번에 끊기는 더 어렵다. 그러다 이런저런 알고리즘에 따라 러닝 관련 콘텐츠까지 본다. 러닝 관련 용품들을 보면서 그냥 지나치지 못한다. 구매욕이 발동한다. 영상에서 소개한 운동화만 신으면 잘 뛰어다닐 수 있을 것 같다. 신발이 없어서 운동하지 않았던 것처럼 말이다. 유명 브랜드 러닝화를 장바구니에 담고 구매 버튼을 눌렀다.
 갑작스러운 망막박리 수술 후 일상으로 돌아갈 동기부여가 필요했다. 회복 기간 한 달간 운동도 자제하라고 해서 그 이후 일상으로 돌아가는 준비도 해야 했다. 일단 배달 온 신발 박스를 방구석에 잘 모셔 놨다. 눈 때문에 나갈 수 없다는 핑계가 있기 때문이다. 회복 기한인 한달 뒤 이 신발을 신고 나갔다. 백패킹으로 만난 동지들과 같이 밤새 한강을 따라 걷는 행사에 참여하기로 한 날이었다.

설레는 마음으로 러닝화를 신었다. 부상 없이 오래 걸으려면 러닝화가 좋다고 했다. 이벤트 참가 선물로 받은 바닥이 두터운 양말도 신었다. 덕분에 하체에 무리는 없었다. 그렇게 해서 난 밤 9시부터 11시까지, 여의도에서 집까지 약 6킬로를 걸었다. 비록 기약했던 22킬로미터를 완주하지 못했지만, 7월 말, 한여름 밤에 참여한 걷기 행사는 나를 자극했다. 걸으면서 마주친 야간 러너들이 눈에 들어왔다. 뛰는 그들의 모습이 자유로워 보였다.

역경이 없으면 성취감도 덜 느껴지게 될까 봐 그런 건지 또 한 번의 시련이 나를 덮쳤다. 왼눈에 이어 오른눈도 망막박리가 진행 중이라는 진단을 받았다. 이번엔 수술이 아닌 레이저 시술로 치료를 할 수 있다는 걸 위로로 삼아야 했다. 그래서 더 오기가 생겼다. 왜 나는 이 모양이냐는 푸념을 늘어놓고 싶지 않았다. 어차피 내 몸은 늙어 갈 테니 하고 싶은 거 하면서 사는 게 맞다는 생각이 들었다. 예전에 마라톤을 하는 나를 상상하기도 했으니 달성할 수 없는 목표일지라도 도전하고 싶어졌다.

고통스러운 레이저 시술을 받고 10일 정도가 지나 러닝화를 신고 밖으로 나갔다. 천천히 동네 한 바퀴를 걸으니, 열대야의 밤더위는 견딜 만했다. 방에서 에어컨 바람만 맞다 바깥으로 나오니 좋았다. 20분 정도 걷고 나니 자신감이 생겼다. 10시 이후 아파트 단지 안에는 다니는 차도 없고 산책 겸 걸어 다니는 사람은 몇 명밖에 보이지 않았다. 누구를 의식하지 않고 혼자 뛸 수 있을 것 같았다.

다음 날 밤, 달리기 시작했다. 아파트 끝에서 끝을 걸으면 왕복으로 총 1.4킬로 정도 나오는데 첫 절반은 준비운동 겸 걷고, 후반은 뛰어서 돌아왔다. 고등학교 때 800미터도 헉헉대며 겨우 뛰었던 이후 처음으로 그에 버금가는 거리를 뛰어 봤다. 일 년간 열심히 실내 암벽타기를 해서 그런지 생각보다 힘들지 않았다. 뛸 만했다. 그러나 다음 날 오십견에서 회복 중인 오른쪽 어깨가 아팠다. 아마도 뛰는 자세에 문제가 있었나 보다. 가벼운 러닝이라지만 독학으로 하면 안 될 것 같았다. 다음 단계로 넘어가기 위해 전문가의 도움이 필요하다는 생각이 들었다.

찾아보니 9월부터 구청에서 하는 러닝 수업이 있었다. 두 달간 일주일에 이틀을 투자할 각오만 있으면 된다. 인스타그램에서 본 광고도 눈에 띄어 베가베리라는 회사에서 진행하는 러닝 수업도 신청했다. 금요일 오전에 진행하며 여성들을 위한 무료 수업이라 부담감이 없었다.

또 다른 도전이 생겼다. 아직은 천천히 가볍게 달리지만, 거리와 시간을 점차 늘려 갈 것이다. 혹시 모른다. 내가 춘천 마라톤대회를 신청할지. 그러면서 가을 하늘 아래, 단풍 진 가로수길에서 바람을 가르며 달리는 내 모습을 상상해 본다.

종합운동장으로 가는 길

 어느덧 5주 차가 된 러닝 경험자인 나는 일주일에 2, 3번씩 가는 그 길이 설렌다. 새로운 나를 발견하기 위해 향하는 반포종합운동장. 그곳을 가기 위해 우선 규칙적인 의식을 치러야 한다.
 운동하는 당일 날씨를 확인하고 그에 맞는 옷을 준비한다. 지금은 여름이라 반팔과 반바지만 있으면 된다. 종아리까지 잘 조여 주는 러닝 양말도 챙긴다. 발의 피로를 최소화하기 위해 좋은 러닝화를 신는 것도 중요하지만 이에 못지않게 양말도 큰 역할을 담당한다. 비싸긴 하지만 한번 경험해 보면 절대 포기할 수 없는 양말이다.
 뜨거운 햇살에 피부를 보호하기 위해 얼굴에 선크림을 듬뿍 바르고 모자를 눌러쓴다. 모자를 쓰면 땀이 눈에 흘러 들어가는 것을 막아 주기도 해서 좋다. 눈부심 방지를 위해 선글라스를 착용한다. 운동량을 측정하기 위해 스마트워치를 손목에 찬다. 혼자 뛰면서 박자를 맞추기 위한 음악을 듣기 위해 스포츠 이어폰도 잊지 않는다.
 신발을 신고 현관을 나서기 전 물병 가방을 어깨에 멘다. 그 가방 안에는 다른 필수용품이 담겨 있다. 뛰고 난 후 떨어진 기력을 보충해 주기 위한 에너지젤, 땅콩버터, 과자 등이 있다. 피부를 위해 틈틈이 바를 수 있는 선크림 콤팩트도 있다. 땀을 닦아 줄 손수건도 있다.

장비를 갖추고 비장한 마음으로 현관을 나서지만 아직은 쑥스럽다. 오십 넘은 아줌마가 전문 운동선수처럼 하고 길거리에 나서는 건 어색하다. 아무렇지 않게 정면을 주시하며 길을 걸어가지만, 실은 주변을 의식한다. 어두운 선글라스 너머 사람들의 눈초리를 힐끔거리며 본다.

성모병원 앞 사거리의 횡단보도를 건너 고속버스터미널 7호선 5번 출구 방향으로 가면 보행자들을 위한 '피천득 산책로'가 시작된다. 가로수가 우거져 완벽한 그늘을 이룬 길이다. 가다 보면 피천득 작가의 글귀들을 감상하며 걸을 수 있다.

"오월은 금방 찬물로 세수를 한
스물한 살 청신한 얼굴이다
…"

- 피천득, 〈오월〉 中에서 -

작가의 삶을 상상하며 폭신한 우레탄 길을 걷다 보면 목적지에 도착한다. 내가 착용한 스마트워치에 측정된 기록을 확인해 보니 집에서 종합운동장까지 오는 길은 대략 2.3㎞이다. 20분 정도 걸었다. 러닝을 잘하기 위한 일차적인 준비운동이라고나 할까.

이 길은 나를 위한 약속을 실행하기 위해 꼭 걸어야 하는 길이다. 내가 살고 있는 아파트 단지 안을 뛰어도 되겠지만 해 보니 쉽지 않았다. 밤에 뛰면 제때 잠들기 힘들어지고 아침 일찍 뛰는 것도 내 바이오리듬에 맞지 않는다. 오전에 운동하고 싶은 나에게 이곳이 최적의 장소이다.

많은 체육인이 찾는 종합운동장이지만 낮은 상대적으로 한적하다. 해가 떨어진 저녁엔 상당히 많은 수의 러너가 트랙을 돈다. 러닝 크루가 유행이라 몇십 명이 긴 기차를 이루며 단체로 뛰는 광경을 볼 수 있었다. 이런 러닝 문화의 열풍이 위화감을 조성했나 보다. 최근에 서초구청이 5인 이상 단체 달리기 금지 현수막을 걸었다. 오죽했으면 그랬을까 하는 생각이 든다.

서초구청에서 운영하는 러닝 수업이라 나는 안전하게 트랙을 돌 수 있다. 아직은 400m 트랙을 6번까지 돌아 봤지만 그 횟수는 더 늘어날 것이다. 그러면서 집에서 여기까지 오는 내 발걸음도 더 가벼워질 것이다. 늦은 여름에 시작한 이 여정이 계속되어 사계절을 다 알아 가길 바란다. 집에서 여기까지 오는 길은 반복일 수 있으나 나에게는 매번 새로워진 나를 발견하는 여행처럼 느껴진다.